BRETAGNE

Texte von:

PATRICK ANDRÉ
Professor für Geschichte und Archäologie - Vannes

ROGER BARRIÉ
Regionalkonservator am Generalarchiv - Rennes

YVES-PASCAL CASTEL
Forscher beim Archiv - Morlaix

ERIC COUTUREAU
Konservator am Generalarchiv - Nantes

RENÉ LE BIHAN
Konservator am Komunalmuseum von Brest

PHILIPPE PETOUT
Konservator der Museen von Saint-Malo

JEAN-JACQUES RIOULT
Konservator des Generalarchivs - Rennes

NICOLAS SIMONNET
Konservator von Mont-Saint-Michel

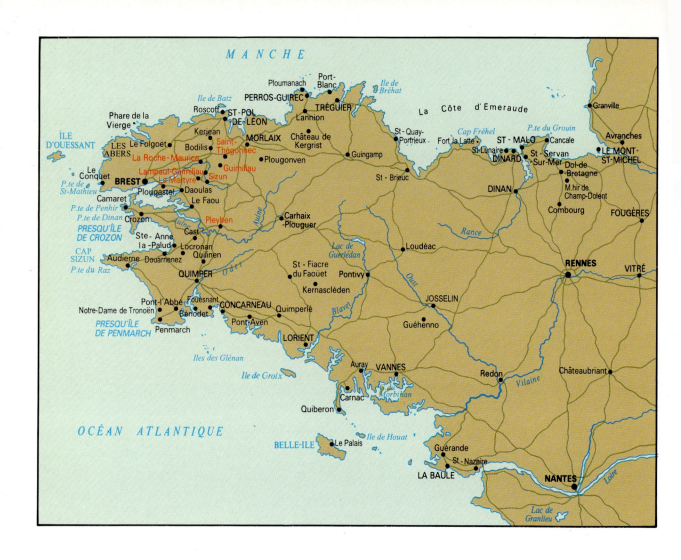

EINFÜHRUNG

Die Bretagne wird mit einem romantischen Bild identifiziert, das sicher gerechtfertigt, aber einengend ist und die topographische, geschichtliche und kulturelle Realität nicht berücksichtigt. Wichtig ist das Meer, Atlantik und Ärmelkanal, die diese ganze Halbinsel umgeben, der **Armor**, der jedoch so breit ist, daß die Bewohner des Binnenlandes, **l'Argoat**, das Vorhandensein des Meeres vergessen. Die Bretagne, das Land der Seeleute, ist auch ein Bauernland, wo noch die schönsten und ältesten landwirtschaftlichen Ansiedlungen erhalten sind. Der Einfluß des Seeklimas erweckt den Eindruck eines feuchten Landes mit ständig bedecktem Himmel; trotzdem haben zahlreiche Maler die große Schönheit des bretonischen Lichts empfunden. Dieses feuchte Land, manchmal stark gebeutelt wie beim letzten Orkan, traurig mit seiner Heide und dem alten Massiv, ist auch eine einladende Landschaft, friedlich, pittoresk in ihren Küstenabschnitten und grünen Hügellandschaften. Der Granit ist in seinen verschiedenen Erscheinungsformen grau, blau oder rosa allgegenwärtig, aber er kommt mit anderen Materialien zusammen, die schon sehr lange verwendet werden: grauer, grüner, blauer und malvenfarbener Schiefer, beiger Sandstein; Muschelkalk oder Kalktuff von der Loire, Lehm und Holz, und sogar Marmor aus Maine. Die alten, geheimnisvollen Wälder sind nicht nur Zuflucht für Viviane und Merlin, sie haben auch viel Holz geliefert, das die bretonischen Schrankmacher seit dem Mittelalter virtuos weiterverarbeitet haben. Schließlich waren die Silber— und Eisenminen wertvolle Bodenschätze während des Absolutismus.

Die Bretagne ist nicht der rückständige Winkel, der im 17. Jahrhundert von Paris aus als Ende der Welt galt. Im Mittelalter war sie im Herzen der atlantischen Welt ein Tauschplatz, der vom Mittelmeer bis zum Baltikum bekannt war, und ein Lieferant von Produkten, wie dem Tuch, mit dem die Schiffe von Karl V. ausgerüstet wurden. Diese Rolle wurde mit der Entdeckung der Neuen Welt fortgesetzt.

Durch die ursprüngliche und starke Organisation der Gemeinden, die das Gewissen der kollektiven Identität waren, und durch den Aufstieg ihrer Prinzen wurde die Bretagne nach den Hochzeiten der Herzogin Anne mit dem Königshaus im 16. Jahrhundert eine Provinz, die im vorhergehenden Jahrhundert jedoch ein unabhängiger bretonischer Staat gewesen war, mit einem Platz in der Diplomatie, sowohl in Frankreich, als auch in England. Die Bretagne war seit der römischen Eroberung, dank des Meers, der Loire und ihrem Stand als Grenzland ein Land der Öffnungen und der Aufnahme. Heute ist sie der privilegierte Ort für das Studium der prähistorischen Zivilisation, die aus der Megalithkultur im Okzident einmalige Zeugnisse hinterlassen hat. Auf das stark römisch beeinflußte kelto-gallische Substrat brachte die Einwanderung von jenseits des Ärmelkanals im VI. Jahrhundert die Christianisierung. So bestehen neben den Dolmen und Menhiren prächtige Zeugen einer christlichen Kultur, die universell und partikularistisch ist, genau wie die Sprache in ihrer bretonischen und gallischen Eigenart.

Man hat oft als Zug der landwirtschaftlichen Zivilisation die Rückständigkeit und kulturelle Langsamkeit genannt, dabei zeigt die Kunstgeschichte der Bretagne gleichzeitig die Assimilation verschiedenartiger Kulturen und die aufeinanderfolgende Ansammlung von Neuheiten. Im Lauf der Zeit haben Städte und Land alle künstlerischen Ausdrucksformen angenommen, die gotische Kunst wie die Ästhetik der Renaissance, die keltische Geometrie oder die abstrakte Kunst des XX. Jahrhunderts in Farbe und Plastizität der Formen. Reich an diesen Erwerbungen und mit ihrer Fähigkeit zur Evolution behält die Bretagne, die vorgeschobene Spitze Europas, ihre persönliche Authentizität bei.

Place du Champ-Jacquet: Das große Haus mit Giebel rechts ist gemäß seiner ursprünglichen Anlage restauriert worden, mit einem durchgehenden horizontalen Fenster. Das linke, neueren Datums hingegen, wurde verputzt, und wechselt vor- und zurückstehende Bauteile, wie die Architektur mit Steinblöcken.

Nächste Seite, oben, zwei aneinandergebaute kanonische Häuser, am Kopfende der Kathedrale. Obwohl sie aus dem Anfang des XVI. Jahrhdts. stammen, sind die Leisten und die Verzierungen der Holzkonsolen noch ganz gotisch.

Rue du Chapitre, links unten, ein großes Eckhaus aus dem letzten Viertel des XVI. Jahrhunderts. Rechts, an der rue Saint Michel die malerischen Fassaden, die sich gegenseitig stützen.

RENNES

Bis zum Brand von 1720 war Rennes, eine Stadt der Paradoxe, hauptsächlich aus Holz gebaut und wich somit vom üblichen Klischee einer Bretagne aus Granit ab. Ihr erster keltischer Name, **Condate**, d.h. Zusammenfluß, zeigt die Gründung beim Zusammentreffen von Ille und Vilaine, die im 19. Jahrhundert kanalisiert wurden. In moderner Zeit wurden diese Wasserläufe, ursprünglich so wichtig, überdacht und treten heute in den Hintergrund. Von der antiken Stadt der **Riedones** ist auf den ersten Blick nichts sichtbar, und trotzdem ist alles unter unseren Füßen. Die häufig wiederaufgebaute Kathedrale hat den Platz der alten Kultstätten bewahrt, rund um den ursprünglichen Kern läuft eine Ringmauer, die schnell erbaut wurde während der Wirren im III. Jahrhundert n. Chr. Im Laufe des XV. Jahrhunderts veranlaßt die drohende Nähe des französisch-englischen Konflikts die Herzöge dazu, die Verteidigung der Stadt zu verstärken. Die ursprüngliche Ringmauer wird instandgesetzt, mit Türmen verstärkt, im Osten umgibt eine zweite Ringmauer die Neustadt der Händler, im Süden schützt eine dritte Mauer jenseits der Vilaine das Viertel des Textil- und Lederhandwerks, außerdem kamen während des hundertjährigen Kriegs die Flüchtlinge benachbarter Völker in die Bretagne. Die Stadt wird zur Festung. Die Verteidigung ihrer Tore wird durch moderne Bauten, die Boulevards, verdoppelt. Alle diese **Portes Mordelaises**, die als einzige überlebt haben, erinnern heute an die Wichtigkeit dieser militärischen Vergangenheit, wie der feierliche Einzug der Herzöge in die Stadt zur Krönung in der Kathedrale.

Nahe der Vilaine dauerte die Erbauung der Kirche **Saint-Germain**, Pfarrei der reichen Kurzwarenhändler, das ganze XV. Jahrhundert und noch darüber hinaus. An der Westfassade, hier nicht sichtbar, nimmt die einzigartige und riesige Maueröffnung im Flamboyantstil am Anfang des XVI. Jahrhunderts eine Formel wieder auf, die bereits gegen 1494 in der Innenstadt bei der **Krankenhauskapelle Saint Yves** verwendet wurde, einer prächtigen Gründung der Herzöge. Der Giebel des südlichen Querschiffs, 1610 fertiggestellt, zeugt von der Schwierigkeit, einem gotischen Volumen die neue Formgebung mit übereinanderliegender Ordnung anzupassen. Im XVII. Jahrhundert wird an der Südseite eine Anzahl Kapellen hinzugefügt unter Berücksichtigung des ursprünglichen Baucharakters. Die vorgesehenen Steinwölbungen innen wurden nicht ausgeführt; wegen der Unsicherheit des Untergrunds mußte man sich mit einer hohen Holzvertäfelung begnügen. Am Kopfende konnte ein hohes Fenster eingebaut werden entsprechend der Westfassade. Im Fenster des Südarms des Querschiffs zeigen schöne, wieder ein-

Dieses große Areal, das der Architekt des Königs Jacques Gabriel entworfen hat, vereint den barocken Stil des weiten Halbkreises in der Mitte und seines Zwiebelturms mit Rippenmuster mit der Strenge seiner Pavillons und der zentralen Nische.

Nächste Seite der Palais Saint-Georges, ein typisches Beispiel der Architektur des XVII. Jahrhunderts, mit großen Pavillondächern und den sich abwechselnden runden und dreieckigen Frontgiebeln. Unten Pavillons aus Kalkstein in dem im ausgewählten Stil angelegten Jardin du Thabor, diese standen neben großen Gewächshäusern mit Metallkuppeln, welche 1863 der Architekt Martenot entworfen hatte.

gebaute Fensterfragmente aus dem XVI. Jahrhundert Szenen aus dem Leben der Maria und Christus: Es sind die einzigen Überreste des reichen Schaffens der Glasmeister in Rennes. Der heutige Hauptaltar und sein Baldachin wurden 1784 für die Kathedrale in Saint-Malo bestellt.

Östlich des nach dem Brand von 1720 rekonstruierten Zentrums haben die **rue Saint-Georges** und westlich das alte Viertel der Chorherren mehrere Häuser mit Holz-Fachwerk behalten. In der **rue Saint-Guillaume**, am Kopfende der Kathedrale stehen zwei Zwillingshäuser der Pfründe, eines (links) ist dem Hl. Michael und das andere (rechts) dem Hl. Sebastian gewidmet. Trotz ihrer noch mittelalterlichen Struktur mit ausgeprägter Auskragung, mit Zierleisten und Skulpturen gotischen Blätterwerks, gehört das Dekor der Säulchen, die die Strukturpfosten unterstreichen, zum Repertoire der ersten Renaissance und läßt den Bau um 1500 einordnen.

Ende des XVI. Jahrhunderts, nach Wiederanschluß der Bretagne an Frankreich, läßt sich das Parlament in Rennes nieder. Um die Mitglieder dieses Hofes bei den Sitzungen unterzubringen, ziehen die Maurer von Rennes ganze Gebäude aus Fachwerk mit bis zu vier oder fünf Stockwerken hoch, in denen die Parlamentarier ihre Wohnungen haben. Auf **Place du Champ-Jacquet** stellen hohe Gebäude, die sich gegen die Befestigung lehnen, die verschiedenen Fachwerktypen dar, die damals in Rennes gebaut wurden: Fischgrätmuster, St. Andreas-Kreuz und Vierfachrauten bilden, sorgfältig zusammengestellt, ein nicht teures Dekor. Trotzdem ist die Fachwerkarchitektur gegen 1650 bereits am Ende.

Unter dem Druck der Mode und der Edikte des Rathauses verschwinden die Auskragungen, aber auch eine plumpere Bauform trägt dazu bei, hier werden die Holzstücke mit ungleichem Schnitt mit Putz zugestrichen, und somit verschwindet nach ihrer Glanzzeit die Fachwerkarchitektur ganz allmählich hinter dem Stein. Die kreative Phantasie der Schreiner in Rennes flüchtet in die oberen Teile: Dächer wie Pavillons, wie Schiffskiele, im Imperialstil decken die Dachluken und Treppenhäuser der Hotels, die für die Parlamentarier entlang des Place des Lices gebaut wurden.

Der Parlamentspalais mit seiner streng klassischen Aufgliederung, dessen wuchtiger Eindruck durch die 1936 angelegte Grünanlage noch erhöht wird.

Nächste Seite Gesamtansicht und Detail der Decke des Sitzungssaals, eine große, prachtvolle Komposition, die der Blick kaum auf einmal umfassen kann.

Das Parlamentspalais

Um dem Parlament in der Bretagne einen würdigen Rahmen für den souveränen Hof, das hohe Gericht und die Niederlegung der königlichen Edikte zu geben, entschließt man sich am Anfang des XVII. Jahrhunderts zum Bau eines großen Palais. Dieses wird in der Neustadt auf dem Grund und Boden des Franziskanerklosters aufgestellt und verschiebt das Stadtzentrum für lange Zeit nach Osten. Das jetzige Gebäude ist das Ergebnis zweier verschiedener Parteien, die für die beiden divergierenden Tendenzen der französischen Kunst in der ersten Hälfte des XVII. Jahrhunderts repräsentativ sind. Das vom Architekten Germain Gautier als Viereck um einen Hof konzipierte Palais mit Pavillons und vielen zurückversetzten Teilen liegt ganz in der Tradition der französischen Architektur. Vorne baut der Architekt der Maria de Medici, Salomon de Brosse, eine einheitliche Fassade mit jonischen Pilastern auf einer Etage von Sockeln nach ganz neuem Geschmack; jedoch bleibt über einer italienischen Balustrade das Dach französisch. Im Innenhof führt die Harmonie zwischen Backstein und Stein uns auf die großen Kompositionen in Paris zur Zeit von Louis XIII. zurück. Jedoch erstaunt der Palast vor allem innen durch den außergewöhnlichen Luxus seines nicht sehr bekannten Dekors. Man steigt auf einer loggienförmigen Treppe, 1725 vom königlichen Architekten Jacques Gabriel bei der Einrichtung der Place Royale vorne gebaut, in den ersten Stock. Dieser neue Zugang ersetzte die Terrasse und die breite Treppe von Salomon de Brosse, die bis dahin das Mittelstück der Hauptfassade einnahm. Unter den Prachtsälen wurde der spektakulärste, la **Grand-Chambre** unter der Leitung von Charles Erard dekoriert, einem der größten Pariser Dekorationsmaler seiner Zeit, Schöpfer der großen Gruppen im Louvre und in den Tuilerien unter der Herrschaft von Anna von Österreich. Die außergewöhnliche Decke, die das italienische Kassetten-Prinzip mit Malereien mit der französischen Tradition der flachen Ausmalung verbindet, ist an einer unsichtbaren Metallarmatur aufgehängt. Sie wurde in Paris ausgehauen und dann auf der Loire und der Vilaine nach Rennes geschickt. Das Zimmer ist rundherum voll mit Gobelins von etwa 1900 von Edouard Toulouze; sie erinnern an die großen Stunden der Bretagne und vervollständigen harmonisch das prachtvolle Dekor.

In der Innenstadt wurde die ab 1560 wieder aufgenommene Fassade der **Kathedrale Saint-Pierre** erst ein Jahrhundert später fertiggestellt. Die erstaunliche Auftürmung von Säulen, die Enge der hohen Mittelöffnung, ungewöhnlich für das Barock von damals, mußten zum Schiff des gotischen Baues im hinteren Teil passen. Dieser letztere wurde ab 1784 vom Architekten Crucy aus Nantes durch einen neuen Teil ersetzt. Der Innenraum mit ursprünglich ganz aus weißem Stein bestehenden Säulenreihen war einer der spektakulärsten neoklassischen französischen Bauten zu Anfang des 19. Jahrhunderts. Gegen 1860 änderte sich der Geschmack und diese Einfachheit erschien kalt. Eine prachtvolle Stuck— und Golddekoration, Malereien und Fenster verwandelten den Tempel von Crucy in eine römische Basilika mit etwas schwerem Luxus.

Innerhalb und außerhalb der Mauern trennt ein Klostergürtel

Die Kirche Saint-Germain, oben die Ausdehnung der Giebel der Südseite, links Innenraum des Schiffs gegen den Chor hin.

bis ins 19. Jahrhundert die Stadt von den Vorstädten und verhindert jede Neustrukturierung der Anlage. Im Osten ist das **Palais Saint-Georges** der einzige Überrest eines Klosters von Benediktinerinnen und repräsentiert Reichtum und Bedeutung der religiösen Orden bis zum Ende des Ancien Régime, das lange Gebäude mit Portikum, das 1670 gegenüber der Vilaine erbaut wurde, trägt den Namen der Äbtissin Madelaine de La Fayette. Es ist das Werk der Architekten Pierre Corbineau, der in Rennes auch die Abtei Saint-Melaine und zahlreiche barocke Altaraufsätze in der ganzen Bretagne geschaffen hat. 1720 verschlang ein riesiger Brand nahezu alle Holzhäuser in der Innenstadt. Der Militäringenieur der Provinz, Isaac Robelin erstellt nun einen strikt vorgeschriebenen Wiederaufbauplan in Vierecken mit zwei hierarchischen Plätzen: den **Place du Palais** vor dem Parlaments-Palais zum Ruhme des Sonnenkönigs und weiter unten im Südwesten den **Place Neuve**. In den rechtwinklig abgeschnittenen Straßen wurden neue Gebäude ganz aus Stein auf gewölbten Kellern mit genormten Höhen und Fassaden vorgeschlagen. Das autoritäre Vorgehen von Robelin zog jedoch den Zorn der Bürger von Rennes auf sich, und man mußte den ersten Architekten des Königs, Jacques Gabriel, als Schiedsrichter holen. Dieser zeigte sich privaten Bauten gegenüber konziliant und schlug anpassungsfähige Fassadenpläne vor. Damit konnte er besser seinen Plan der Place Royale vor dem Palais durchbringen und auf dem Place Neuve ein neues Monument bauen, das sich über eine breite Kurve erstreckte, das Rathaus und den Uhrturm mit Statue von Ludwig XV. darunter in einer Nische und Presidial. Alle diese Bauten veränderten das Gesicht der Stadt vollständig und gaben ihr lange den Ausdruck eines etwas strengen klassischen Stils. Entlang den im 18. Jahrhundert wiedererbauten Straßen zogen die neuen Gebäude ihre gleichförmigen Arkadenreihen aus Granit. Die Bearbeitung der oberen Aushöhlungen, ihre Stützen aus Eisenbeschlägen sind die einzigen unterscheidenden Merkmale.

Im 19. Jahrhundert dehnt sich die Stadt zuerst nach Osten aus. Der Abriß der alten Franziskanerkapelle am Place du Palais, der Kirche des Klosters Saint-Georges in der Nähe des gleichnamigen Stadttors ermöglichen 1830 eine neue Stadteinfahrt, die direkte Verbindung mit einem Vorort von Paris hat. Von nun an entwickelt sich ein elegantes Stadtviertel, erst um den Platz de la Motte, dann südlich des früheren Gartens der Benediktiner von Saint-Melaine. Dieser Garten der **Thabor**, wird gegen 1860 von den Brüdern Bulhër ganz neu entworfen. 1844 wird schließlich der Lauf der Verlaine reguliert, 120 Jahre nach dem Plan von Robelin. An den neu gebauten Kais können neue Gebäudekomplexe entstehen.

Der **Universitätspalast**, erbaut zwischen 1849 und 1856 vereint in einem ehrgeizigen Programm die Fakultäten von Rennes und die Museen der Schönen Künste, Architektur und Naturwissenschaft. Außer seinem bemerkenswerten Kabinett mit Zeichnungen ist das **Museum der Schönen Künste** besonders reich an alter Malerei: dazu gehören bei den Gruppen der großen Epochen: **Hl. Lukas kämmt die Jungfrau** von Maerten Van Heemskerck, **Perseus und Andromeda** von Veronese aus den Sammlungen von Ludwig XIV. In der reichen Sammlung des XVII. Jahrhunderts der französischen Schule der **Neugeborene** von Georges de La Tour, **Meisterwerk** der französischen Caravaggio-Schule, eine **Jungfrau mit Glas** von Mathieu Le Nain, zwei seltene Leinwände von Lubin Baugin, darunter ein perfektes Stilleben mit Waffeln sowie eine wichtige Auswahl holländischer Malerei.

Nach dem letzten Krieg entstand das Bedürfnis, in einem Museum die Geschichte der Bretagne und eine Darstellung der Sitten und Gebräuche des bretonischen Volks zu vereinen. Der Stolz der Sammlungen im **Musée de Bretagne** ist die Statuette einer jungen Göttin aus Bronze, die Anfang des Jahrhunderts in der Nähe eines gallo-römischen Tempels im Finistère gefunden wurde. Durch den Helm nach griechischem Muster auf den breiten Haarsträhnen konnte man eine keltische Version von Athena-Minerva erkennen, die in den irischen Handschriften des Hochmittelalters **Birgit** heißt.

Fassade und Chor der Kathedrale Saint-Pierre.

Gegenüber der ästhetischen und dokumentarischen Sammlung steht das erstaunliche Prachtbett, das in Rennes in der Werkstatt von Adolphe Coignerai für die Weltausstellung von 1900 hergestellt worden war. Dies ist ein Versuch, neue Möbel zu entwerfen, der 1870 beginnt. Einen der repräsentativsten Aspekte dieser Bewegung bildeten Möbel für Persönlichkeiten, für die dieses Bett ein außergewöhnliches Beispiel ist. Der Überreichtum der in Rosetten oder Halbrosetten angeordneten Spindeln findet sich zur gleichen Zeit auch auf den geschlossenen Betten der ländlichen Möbel im Süden der Bretagne. Dagegen sind die Form des Möbels selbst, seine Ikonographie und die außergewöhnliche Kompliziertheit der Schnitzkunst an der Grenze der Möglichkeiten einer angetriebenen Drehbank, den traditionellen bretonischen Möbeln absolut unähnlich.

Nächste Seite das Museum der Schönen Künste (Beaux-Arts), im alten Universitätspalast: oben die Fassade, die in ihrer neoklassischen Ausführung an das ehemalige Parlament erinnert, unten die große Galerie, die nach dem Krieg mit ihrer Beleuchtung von oben neu entworfen wurde.

Zwei Werke, die im Musée de Bretagne aufbewahrt sind: rechts Kopf der Brigit-Minerva, die in Dineault, zu Füßen der Arrée-Berge entdeckt wurde, unten ein Prachtbett (von Adolphe Coignerai, Rennes, 1900), auf dessen Relief eine Szene von der Schlacht der Dreißig dargestellt ist, eine Episode aus dem Erbfolgekrieg der Bretagne im XIV. Jahrhundert.

Das Schloß und die Stadt von Nordwesten aus gesehen. Im Hintergrund die Turmspitze der Kirche Saint-Martin, die Ende des XIX. Jahrhunderts neu erbaut worden ist.

Nächste Seite, oben, das Schloß, das Tor d'Embas und die Fachwerkhäuser aus dem XVII. und XVIII. Jahrhundert, die sich zu Füßen der Befestigungsmauern aneinanderschmiegen. Unten der Innenhof des Schlosses, links die alte überdachte Treppe, die zu den Wohnräumen führt, rechts die mächtige Burg.

VITRE

Als fortgeschrittener Ort der Bretagne wurde Vitré sehr bald von seinen mächtigen Nachbarn angezogen. Seine Herren, auch Barone von Laval und mit den Montmorency liiert, nutzten ähnlich wie der Herzog und König von Frankreich ihre gemeinsamen Lehen politisch geschickt und in wechselseitigen Allianzen, eine Charakteristik der Feudalherrschaften. Gegen 1060 verlegt Robert de Vitré das **Schloß** auf einen Sporn zwischen zwei Tälern, der leicht zu verteidigen war. Von dem großen damals erbauten Haus, wohl in der Nähe der normannischen quadratischen Bergfriede gibt es heute nur noch eine schöne romanische Tür im Hof des Schlosses rechts der Burg. 1239 heiratet die letzte Tochter des Barons de Vitré den Baron de Laval. Das Schicksal der beiden Städte wird damit über die Grenzen weg vereint, und der neue Herr verstärkt sein Schloß in Vitré durch die jetzige dreieckige Ringmauer, die sich mit der Form des Sporns verbindet. Rund ums Schloß entsteht aus der Siedlung eine richtige Stadt mit Wällen aus blauschwarzem Schiefer, die bis ins 19. Jahrhundert überdauern. Heute dominiert die intakte Nordfront noch das Tal der Vilaine.

Im XIV. und XV. Jahrhundert bringen den Herren von Laval-Vitré mehrere Heiraten wichtige Herrschaftssitze der Hoch-Bretagne ein: Chateaubriand, Tinteniac, Montfort und Rais... Durch zahlreiche Arbeiten erhält das Schloß seine jetzige pittoreske Silhouette. Die mächtige **Burg** am Eingang, die gegen 1380 erbaut wurde, ist ein hohes Gebäude mit vier Stockwerken und einem polygonalen Treppenaufgang. Die bauliche Masse sollte jedem, der sie sah, symbolisch die Macht des Herren von Vitré dartun. Mit anderen, heute zerstörten Bauteilen war die Burg mit dem Turm der Madeleine verbunden. Mehrere Komfortelemente innen wie z.B. ein Schwitzbad, zahlreiche Mehrzweckzimmer entsprachen den Verfeinerungsansprüchen eines Lebens am Hof. Die Ringmauer wurde an ihren drei Ecken mit starken Türmen verstärkt, die Schutz gaben und Wohnmöglichkeiten boten. Ende des XV. Jahrhunderts wurde ein weiteres Gebäude entlang der Nordfront gebaut, wo jetzt das Rathaus steht. Es wurde auf Arkaden erbaut, und das Stockwerk wurde über eine Umlaufgalerie erreicht, nach dem Modell von Blois, Vorläufer unserer modernen Flure. Auf der Südwestfront symbolisiert eine graziöse, in Tuff gehauene Chorkapelle, 1531 neben dem Turm des Oratoriums von Guy Laval XVI. hinzugefügt, den Einzug der Renaissance in Vitré.

Im sehr frühen Mittelalter ist Vitré eine Stadt mit blühendem Handel. Auf dem Land ringsum leben ganze Familien vom intensiven Weben in Heimarbeit. Die berühmten Tuche werden von den Händlern aus Vitré nach ganz Europa exportiert. Sie schließen sich eng mit den Händlern von Saint-Malo zusammen und bilden ab 1472 eine Vereinigung der Überseehändler unter dem Schutz der Jungfrau der Verkündigung. In der Stadt bringt

Rue Baudrairie.

Nächste Seite zwei Ansichten der Kirche Notre-Dame, die vollendste Kirchenart mit aufeinanderfolgenden vollendetste Giebeln der Haute Bretagne.

man stolz an einigen alten **Häusern** anstelle eines Wappens die Marke des Händlers an, als persönliches Emblem und Garant seiner Produktion. Manche reichen Häuser des XV. Jahrhunderts mit delikaten Leisten und Schnitzwerk, mit zwei Hauptbauten, einem zur Straße und einem hinten zum Hof mit einer Galerie verbunden, rivalisieren im Luxus mit dem aristokratischen Bau. Die **Rue Baudrairie**, deren Namen an Lederbearbeitung erinnert, hat das Ambiente dieser erfolgreichen Zeit erhalten: Die Fachwerkhäuser pressen sich mit ihren überstehenden Fassaden eng nebeneinander. In der **Rue Notre-Dame** und der **Rue Poterie** wurden unter dem vorstehenden Teil der Häuser mit "Portalvorbau" ständig Waren ausgestellt.

Im Herzen der Stadt und gegenüber den früheren, inzwischen verschwundenen Markthallen drückt die **Kirche Notre-Dame**, wiedererbaut von 1420 bis 1550, den Stolz der Bürger von Vitré aus. Ihr breites Viereck, umgeben von vielen Giebeln und skandiert von spitzen Fialen, wie man es oft in der Haute Bretagne findet, umschließt ein Mittelschiff, zwei Seitenschiffe und auf beiden Seiten eine Reihe Kapellen, die von Bruderschaften oder Notabeln der Stadt gestiftet wurden, und mit Statuen, Rektabeln und Fenstern reich ausgestattet sind. Die Südfassade ist ein schönes Beispiel des bretonischen Flamboyant-Stils: In der Mitte eine Außenkanzel auf einem Strebepfeiler, ein seltenes Stück dieser Art im Osten Frankreichs wie die in Saint-Lô in der Normandie.

Weiter in der Straße bei Place du Marchix, **rue de Paris** und **rue d'Embas** zeugen mehrere herrschaftliche Stadthäuser aus dem XVI. und XVII. Jahrhundert von der Entstehung eines Stadtpatriziertums in Vitré, das aus dem Handel entstanden ist. Der Rückgang des Tuchhandels im XVIII. Jahrhundert versetzt die Stadt in einen langen Schlaf, aus dem sie erst im mittleren XIX. Jahrhundert erwacht, und zwar durch den Bau der Eisenbahn.

Oben das Schloß, von der Kirche Saint-Léonard aus gesehen, und im Vordergrund das "alte Dorf" mit seinen Fachwerkhäusern. Links der Turm Coigny.

FOUGERES

Wie bei Vitré ist die Gründung von Fougères eng verbunden mit dem Beginn der feudalen Welt. Der gewählte Ort in einer von Hügeln umgebenen Niederung kann uns heute überraschen. Er lag von Anfang an in der trägen Kurve eines Flusses, des Nançon, und ist isoliert durch nahe Sümpfe.
Kürzliche Ausgrabungen haben die Spuren eines ersten hölzernen Bergfrieds ans Licht gebracht, der im X. Jahrhundert auf der Nordwestspitze des Schieferfelsens erbaut worden war. Der jetzige Komplex der **Festung**, der sich auf mehr als zwei Hektar erstreckt, gibt eine richtige Lektion in Militärarchitektur vom XII. Jahrhundert bis Ende des XV. Jahrhunderts. Die Barone von Fougères verstärken das ursprüngliche Schloß mit einer breiten Mauer rings um den Felsen, die den Zugang am engsten Platz des Mäanders abschließt. Vom großen Haus, das sich damals im Süden gegen die Mauer lehnte, bleiben nur Ruinen. Sehr bald entwickelt sich ein geschäftiger Marktflecken. Weiter unterhalb des Schlosses nimmt ein anderer Mäander des Nançon die Werkstätten der Gerber, Walker und Weber auf. Die elegante **Kirche Saint-Sulpice**, im XV. Jahrhundert wieder aufgebaut, enthält zwei seltene Altaraufsätze aus Granit, die um 1500 geschaffen wurden: einer davon wurde von der Zunft der Gerber gestiftet und zeigt die durch dieses Handwerk erzeugte Blüte. Ab Mitte des XIII. Jahrhunderts gibt die Familie Lusignan dem Verteidigungssystem des **Schlosses** von Fougères seine jetzige Ausdehnung: An den beiden Enden wird die Mauer durch Türme verstärkt, der Schutz der Zugänge wird verdoppelt, und vor

allem wird ein außergewöhnliches Hydrauliksystem eingebaut. Eine Folge von Seen hält im Norden die Angreifer fern, die Gräben der Festung im Süden sind immer mit Wasser versorgt, und die herrschaftlichen Mühlen werden gespeist, die von den Mauern der neuen Siedlung eingeschlossen werden, welche den Abhang des Hügels nach Osten hinaufklettert. Damit wird die neue Stadt selbst Stütze und Schutz des Schlosses. Stark durch ihre mächtige Festung, reich durch den Handel, wurde Fougères im ganzen Mittelalter von den Königen Frankreichs wie auch von den Herzögen der Bretagne umworben. Die spitze Silhouette des **Belagerungsturms** aus dem XV. Jahrhundert, die noch die Oberstadt dominiert, beim alten Stadttor von Vitré und dem **Rathaus** von 1535, eines der ältesten in der Bretagne, sind die noch vorhandenen Symbole der Freiheiten, die die Stadt damals hatte, sichtbar. Nach mehreren Brandkatastrophen wurde die Oberstadt im 18. Jahrhundert Stück um Stück wiederaufgebaut nach den Vorschlägen des königlichen Architekten Jacques Gabriel. Mehrere Wohnungen von Aristokraten, darunter das elegante **Stadthaus de la Belinaye** mit konkaver Fassade tragen das Zeichen des strengen Stils der Ingenieure. In der absolut geraden rue National die in dem schönen, braun-goldenen Granit von Saint-Marc-le-Blanc wiedererbaut ist, zeugt nur ein einziges Fachwerkhaus mit vorgezogenen Stockwerken von der alten Stadt: Darin befindet sich das **Museum Emmanuel de La Villéon**, einer der letzten impressionistischen Maler. Etwas weiter zeigt die **Kirche Saint-Léonard** den Reichtum der Stadt im XV. und XVI. Jahrhundert. Ihr früherer Zugang war im Westen, entgegengesetzt dem jetzigen Zugang. Im 19. Jahrhundert wurde die ganze Ostseite der Befestigung abgerissen. Die neue Fassade der Kirche, die gegen 1860 wiederaufgebaut wurde, geht in Richtung des neuen Teils der Stadt.

Rechts der vorspringende Teil des Schlosses, unten die Kirche Saint Léonard, die im XI. Jhdt. gegründet und im XIV. Jhdt. wieder aufgebaut wurde. Die giebelförmig auslaufenden Kapellen, die wir hier sehen, wurden im XV. und XVI. Jahrhundert hinzugefügt.

COMBOURG

Gegen 1025 beschloß Junkeneus, Erzbischof und Graf von Dol, seinen Bruder Rivallon mit der Verteidigung des Ostrandes seines Gebiets zu beauftragen. Ein erstes Landschloß im Südosten des jetzigen Sees überwachte bereits den Verkehr auf der alten Römerstraße von Rennes nach Aleth (heute Saint Servan). Bald danach, im XII. Jahrhundert, wurde das Schloß nach Nordwesten verlegt. Der Nordost-Turm des Schlosses — der älteste — geht auf den Anfang des XIII. Jahrhunderts zurück. Dieser Bergfried, der zuerst allein dastand, war nur im ersten Stockwerk zugänglich. Ende des XIV. Jahrhunderts geht die Herrschaft von Combourg durch Heirat an die mächtige Familie Châteaugiron-Malestroit über, die im Süden einen großen Gebäudekomplex mit zwei Türmen an den Ecken hinzufügen läßt. Mitte des XV. Jahrhunderts bei der Generalüberholung aller Befestigungen, die vom Herzog Pierre II. angeordnet worden war, wurde das Viereck im Norden durch einen starken Turm und einen zweiten Gebäudekomplex geschlossen. Gegen 1760 erwarb René-Auguste de Châteaubriand den Herrensitz Combourg: Der Vater des illustren Schriftstellers hatte den Wohlstand seiner Familie dank des ausgedehnten Seehandels wiederhergestellt. Die alte Festung, Symbol eines bald veränderten Zeitalters, war Ort der Träume und Alpträume des künftigen Autors der **Mémoires d'outre-tombe**. Gegen 1875 wurde der Graben, der an drei Seiten die Festung umgab, zugeschüttet und durch die Brüder Bulher umgestaltet in einen englischen Park. Zu dieser Zeit wurde auch die große Zugangstreppe gebaut und das Innere des Schlosses vollkommen umgestaltet in einer Weise, die vom archäologischen Standpunkt aus angegriffen werden kann, die jedoch zweifellos dekorativ ist.

Links die Schloßtürme mit ihren Pechnasen, die für die bretonische Festungsanlage des XV. Jahrhunderts charakteristisch sind, unten eine Gesamtansicht des Schlosses.

Gesamtansicht von Südwesten.

LE MONT-SAINT-MICHEL

Die Entdeckung des Mont-Saint-Michel ist vor allem die Entdeckung eines Standorts. Mitten in einer öden Bucht erhebt sich überraschend die Silhouette eines pyramidenförmigen Felsens, der doppelt so hoch ist durch die Gebäude und die Kirche der Abtei auf der Spitze.

Das Monument ist die Negation seiner Umgebung, und trotzdem ist die Verbindung eng. An diesem mythischen Platz siegt die Legende oft über die Realität, wenn sie nicht selbst die Realität ist. Die Statue des Erzengels ist eine Verbindung zwischen der materiellen Welt und dem Himmel. Zu seinen Füßen wird die ideale Gesellschaft des Mittelalters dargestellt, oben der Klerus, die Ritter auf den Festungswällen, die Arbeiter in den Dörfern. Sobald man sich von dieser Ordnung entfernt, ist die Bucht da mit ihren wandernden Sandbänken, die ein Bild des Todes sind, und den zweimal täglich auftretenden Gezeiten, die mit ihren Wellen den endlosen Sandstrand überspülen.

Heute entdeckt man, daß diese riesige Fläche ein ganz besonderer Lebensraum ist, wo sich eine intensive biologische Aktivität entwickelt. Es werden Durchquerungen der Bucht zu Fuß organisiert, vor allem von Genêts aus. Dies ist die beste Möglichkeit, den Mont genau zu entdecken. Jahrhundertelang sind die Pilger so zu Fuß von Norden her angekommen. Wenn Sie diese Möglichkeit nicht nutzen können, nehmen Sie sich wenigstens die Zeit, den Fels einmal zu Fuß zu umrunden. Das ist ein unersetzliches Vorspiel zum Besuch des Monuments und die einzige Möglichkeit, die Macht seiner Militärarchitektur zu erkennen, die oft durch die Präsenz und das Prestige des Klosters übertönt wird.

Vom Sand bis zum Kloster muß man das Dorf durchqueren, das dem Touristen von heute die Hotels, Restaurants und Souvenirläden präsentiert, wie früher dem Pilger. Eine schmale Straße öffnet sich, nachdem man drei befestigte Tore durchschritten hat. An die Süd— und Ostseite des Felsens klammern sich einige alte Häuser, darunter das sogenannte **Artischockenhaus**, eine Brücke über die Straße bildet, und das Haus des **Einhorns**. Man tritt am Ende einer langen Steigung in das **Kloster** ein. Hier haben die Menschen vom VIII. bis XVI. Jahrhundert ein Heiligtum über das andere errichtet und alle Gebäude, die die Mönche

Gesamtansicht der Abtekirche: das romanische Mittelschiff und der Chor im Stil der Hochgotik.

Nächste Seite der Mont-Saint-Michel, die Insel Tombelaine und die Bucht während der Flut.

brauchten, um das Lob Gottes zu singen. Nach der Tradition erschien der Erzengel Michael im Jahr 708 dem Bischof Aubert von Avranches, um ihm aufzuerlegen, daß er auf diesem Fels eine Gebetsstelle errichten solle. Von da an wurde der Mont-Saint-Michel zum Wallfahrtsort, der sich noch mehr entwickelte, nachdem ihn 966 der Herzog der Normandie den Benediktinermönchen übergeben hatte.

Die Gestalt des Terrains, ein nahezu konischer, spitzer Fels, verpflichtete die Meister zu einem einmaligen Werk. Seit Beginn des XI. Jahrhunderts machte der Wunsch zur Erbauung einer großen Klosterkirche in traditioneller Kreuzform die Errichtung einer Anzahl von Krypten rund um die Felsspitze erforderlich, um das Niveau zu erreichen und die vier Ausleger des Kreuzes, Chor, Querschiff und Schiff zu stützen. Damit ruht nur der Mittelteil der Kirche direkt auf dem Granit.

Die ersten **Klostergebäude**, die in der zweiten Hälfte des XI. Jahrhunderts erbaut wurden, mußten auf drei Etagen verteilt werden, statt sich um einen Kreuzgang zu verteilen, wie bei allen anderen Klöstern. Dieser Grundsatz der Etagenbildung wurde während der ganzen Baugeschichte beibehalten.

Den Höhepunkt bildet die "Merveille", erbaut im ersten Teil des XIII. Jahrhunderts und gekrönt durch Kreuzgang und Refektorium, die zusammen mit dem Rittersaal die bekanntesten Teile des Klosters sind.

Dem karolingischen Sanktuarium, dem romanischen, Kloster und der gotischen Merveille fügte das XV. Jahrhundert den Flamboyant-Chor der Abteikirche hinzu als Beendigung des hervorragendsten Architekturbeispiels, das uns das Mittelalter hinterlassen hat.

Oben Cancale, vom Hafen La Houle aus gesehen, die Kathedrale Saint-Samson in Dol-de-Bretagne.

CANCALE

Im Westen der Bucht von Mont-Saint-Michel ist Cancale ein anziehender kleiner Fischerhafen, der zum Verweilen einlädt. Am Fuß seiner Felsklippe kuschelt sich sein altes Fischerviertel **La Houle**. Für Touristen gibt es Souvenirläden und Restaurants mit Austern-Probierstuben. Die sehr flache Bucht, wo sich bei Ebbe das Meer mehrere Kilometer von der Küste zurückzieht, hat hier die Austernzüchtung begünstigt, deren Parks sich bis über Sichtweite hinaus erstrecken. Oben hat sich der Weiler um die **Kirche Saint-Méen** ausgedehnt. Dies ist eine große neugotische Kirche aus dem 19. Jahrhundert mit Aussichtsturm. Man kann von diesem Ort aus den Ausgangspunkt der Fußrundwege erreichen. Von der **pointe des Crolles** über den Hafen bis zur **pointe du Grouin** kann man so beinahe sieben Kilometer der Küste folgen zwischen Strandkiefern und blühendem Stechginster mit Sicht auf den Felsen **de Cancale**, **Châtelier** und **île des Rimains** und ihre Burg, und in der Ferne die normannische Küste des Cotentin, deren Profil man bei klarem Wetter sieht. Mit **Port-Mer** und dessen Strand hat Cancale auch noch die Attraktion eines Familienbads mit vielen Aktivitäten gemein.

Oben die Pointe du Grouin und die Ausläufer der Insel; rechts der Menhir von Champ-Dolent, in der Nähe von Dol-de-Bretagne.

DOL-DE-BRETAGNE

Die Kleine Stadt Dol-de Bretagne kann sich rühmen, das reinste Monument der Bretagne aus der Gotik zu besitzen: die **Kathedrale Saint-Samson**. Man sollte sich nicht durch ihre strenge Fassade abschrecken lassen, ohne Figuren und unvollendet. Das große Innenschiff aus dem XIII. Jahrhundert mit flachen Kopfenden und beleuchtet durch ein wunderbares Meisterwerk von Fenster läßt immer noch von den Ansprüchen der Bischöfe von Dol träumen, die vor ihren bretonischen Stimmführern die Vorherrschaft haben wollten.

POINTE DU GROUIN

Ein Vorsprung in Richtung der **îles Chausey**, zeigt die Spitze der Grouin ein grandioses Panorama auf die Bucht des Mont-Saint-Michel. Direkt davor schützt der Felssporn der **îles des Landes** eine der größten Seevogelkolonien dieser Küste. Gegen Cancale hin unterscheidet man auch die **île des Rimains**, auf der oben ein altes Schloß liegt, und im Inland sieht man bei klarem Wetter noch den **Mont-Dol**, den einzigen herausragenden Punkt dieses flachen Landes.

Oben, Gesamtansicht der Stadt: das Hafenbecken Vauban und die Befestigungsmauern.

Links oben, Gesamtansicht bis zur Stadt Aleth, in der Mitte das Hafenbecken Vauban und die Befestigungsmauern, unten in Richtung Fort National von der Spitze des Hauptturms des Schlosses aus.

SAINT-MALO

Saint-Malo ragt wie ein Zeuge vergangener Jahrhunderte empor, aber außer seiner Befestigungsmauern mußte es nach 1944 neu aufgebaut werden. Der Wiederaufbau ist so getreu wie möglich durchgeführt worden. Die Stadt trägt den Namen eines Mönchs, der im VI. Jahrhundert aus dem jetzigen Dorf Galles gekommen war, Machlow oder Malo. "Saint-Malo-de-l'Isle", wie es genannt wurde, begann sich zu bereichern, kurz bevor Jacques Cartier von diesem Hafen aus in See stieß, um Kanada zu entdecken. Die Bewohner von Saint-Malo waren bedachte Kaufleute, aber in Kriegszeiten verdingten sie sich auch als Korsare für den König, Duguay-Trouin und in jüngeren zeiten Surcouf gehören zu den berühmtesten, aber auch eine Vielzahl von Schriftstellern, Philosophen, Gelehrten brachte die Stadt hervor, und es sei Chateaubriand, Lamennais, Maupertius, La Mettrie oder Broussais erwähnt. Das Prestige dieser einmaligen Männer, die alle in denselben Mauern geboren sind geht Hand in Hand mit dem Ruf, einer der schönsten Orte an den Küsten Frankreichs zu sein. Bei einem Spaziergang um die Stadtmauern kann man die ganze Schönheit bewundern, und gleichzeitig den Wert einer städtischen Architektur, die die Bauherrn des Militärs beeinflußt hatten. Im XII. Jahrhundert hatte man mit dem Bau der Mauern begonnen, und im Lauf des XIII. Jahrhunderts wurden sie vier Mal vergrößert, und in diesen Erweiterungen bauten die "Messieurs de Saint-Malo" ihre prachtvollen Häuser. Im Herzen der Stadt ragt die Kathedrale empor, die auch restauriert worden ist.

Das Schloß von Saint-Malo wurde 1424 von dem Herzog Jean V. von Bretagne in Auftrag gegeben, und man begann mit dem großen Hauptturm, in dem das historische Museum der Stadt untergebracht ist. Der Herzog François II. fügte 1475 einen wei-

Nächste Seite oben, Blick auf die Stadt vom Hauptturm des Schlosses aus; unten die Statue Chateaubriands und das Tor Saint-Vincent.

Oben, der Schloßturm Quic-en-Groigne; rechts das Haus von Anne de Bretagne.

teren Turm hinzu, und seine Tochter Anne de Bretagne vervollständigte die Anlage, trotz des Protests der Einwohner von Saint-Malo. "Quic-en-Groigne, ainsi sera, c'est mon plaisir" (möge auch jemand meckern, so soll es sein, mir gefällt es so) hatte sie geantwortet. Seit jener Zeit heißt der große Turm, der sich an den kleinen aus dem XIV. Jahrhundert anlehnt, komischerweise "Quic-en-Croigne". Im Innenhof beherbergen die alten Kasernen aus dem XVIII. Jahrhundert das Rathaus. Im Jahr 1590 hatten sich die Bürger von Saint-Malo ihres Schlosses bemächtigt und hatten für die Zeit von vier Jahren eine "unabhängige Republik" ausgerufen. Die Stadtflagge, die immer noch auf dem Hauptturm gehißt ist, erinnert noch an die damals errungene Freiheit. Von den Guet-Türmen aus hat man eine wunderbare Sicht auf die wiedererbaute Stadt. In der Nähe des Schlosses sind aber einige historische Gebäude erhalten, wie das Geburtshaus von Chateaubriand, dessen sterbliche Reste, seinem Wunsch entsprechend, auf der Insel in der Nähe des Grand-Béjét und der hübschen Wohnung der Herzogin Anne begraben sind.

Oben Tor und Turm Solidor, links noch eine Ansicht des Turms, wo das Museum Long-Cours Cap-Hornier untergebracht ist.

SAINT-SERVAN-SUR-MER

Saint-Servan-sur-Mer ist heute offiziell von Saint-Malo abhängig, aber in diesem Gebiet lag das alte gallisch-römische Zentrum Aleth, von dem noch Reste der alten Kathedrale und der Mauern übrig sind. Das bedeutendste Denkmal ist der **Solidor-Turm**, der sich auf einer kleinen Landspitze in der Flußmündung der Rance erhebt, und der sie zu überwachen scheint. Der Bau war auch vom Herzog Jean IV. von Bretagne befohlen worden, kurz vor 1384, um sich die Bürger von Saint-Malo zu unterwerfen. Hier ist ein sehr interessantes Museum der Cap-Horniers untergebracht, denn die Mannschaften wurden an dieser Küste aufgestellt. Verkleinerte Modelle, Schiffahrtsinstrumente, Karten und an Bord gebastelte oder von fernen Anlegestellen mitgebrachte Gegenstände lassen uns die Reiseabenteuer rings um die Welt dieser großen Übersee-Segelschiffe nacherleben. Nach einem hübschen Spaziergang durch die **Stadt Aleth**, die beinahe eine grüne Insel gegenüber von Dinard und Saint-Malo bildet, kann man noch einen Abstecher zur Mündung machen, welche von der Fabrik zur Ausnutzung von Ebbe und Flut abgesperrt ist. Dieser Betrieb, der die traditionelle Technik der Seemühlen wieder aufnimmt, ist 1966 eingeweiht worden, und erzeugt mehr als 500 Millionen Kw, indem er die Strömungen der Gezeiten ausnutzt, die hier vom ganzen europäischen Festland am stärksten zu verspüren sind.

Blick auf die Dächer der alten Stadt Dinan, vom Uhrturm aus.

DINAN

Der Name Dinan, dessen Etymologie auf einen in der Höhe liegenden Verteidigungsort hinweist, tritt im XI. Jahrhundert zutage. Aber Dinan war zu Anfang der feudale Besitz einer Herrscherfamilie, den die Soldaten von Guillaume de Normandie belagerten, wie auf dem berühmten Wandteppich von Bayeux noch zu sehen ist. Die Teilung, die 1123 unter den Nachfolgern vorgenommen wurde, gibt uns eine Idee von der Bedeutung der Stadt, zu der zwei Pfarreien gehören. Kreuzpunkt der Landstraßen, die nach Rennes, in die Normandie, den armorikanischen Westen führen, ein Verbindungsweg mit dem Meer über die Rance nach Saint-Malo und zur Küste, war Dinan eines der aktivsten Zentren des Herzogtums der Bretagne. Die Gewerbe hatten sich in der Leinenindustrie spezialisiert. Vom Ende des XIII. Jahrhunderts ab hatte der Herzog von Bretagne die Herrschaft über diesen Standort errungen. Die Jahrhunderte folgten aufeinander bis daß Ende des XV. Jahrhunderts die Franzosen ankamen, aber Dinan war allen Zerstörungen entgangen. So ist Dinan, zusammen mit Vitré eine der bretonischen Städte, wo das Erbe des Mittelalters am stärksten zu sehen ist, eine der schönsten künstlerischen und historischen Städte der Region. Die **Stadtmauern**, die fast vollkommen erhalten sind, umfassen einen großen Bezirk, so daß Bürger und religiöse Orden sich hier niederlassen konnten. Der **Turm de l'Horloge** steht mitten zwischen Fachwerkhäusern, und ragt aus den aneinandergeschmiegten Dächern empor. Das verleiht dem Ganzen eine besondere Stimmung. Man kann auf die Turmspitze steigen, und hat von dort oben eine malerische Aussicht. Man muß aber Dinan über seine große Brücke erreichen. Der Eindruck ist unvergeßlich, wie es auf der Höhe liegt, über einem tiefen, grünen Tal, mit seinen Mauern, seinen Türmen und Glockentürmen. Lenken wir jetzt unsere Aufmerksamkeit auf die leider unvollendete **Kirche Saint-Malo**. Dies Gebäude, das ursprünglich außerhalb des Mauerrings lag, wurde 1490 innerhalb der Mauern neu erbaut, wie eine Inschrift in gotischen Buchstaben auf einem der Chorpilaster bezeugt. Dieser Wiederaufbau hat uns aus jener Zeit eine bemerkenswerte Apsis im Flamboyant-Stil hinterlassen, die unsere Bewunderung hervorrufen wird, dann kommt der Hof des alten dem Franziskanerorden angehörenden Gebäudes mit seinem schönen Granitportal. Dinan war auch die Lieblingsstadt des Bertrand Du Guesclin, der hier eine berühmte Schlacht gegen den Engländer Thomas de Canterbury ausfocht, dort wo jetzt der nach ihm benannte Platz liegt, und wo man seine Statue noch sieht.

Die **Basilika Saint-Sauveur** wurde gegen 1120 gegründet, von einem Herren von Dinan, der an einem Kreuzzug teilgenommen haben soll, und der das Gelübde abgelegt hatte, bei seiner Rück-

kehr eine Kirche bauen zu lassen. So ist auch die Originalität der Dekoration der romanischen Teile, die aus dieser Zeit noch bestehen, erklärlich, die drei Arkaden des Hauptportals aber lassen eher an die Kunst im Südwesten denken, insbesondere an Notre-Dame-la-Grande in Poitiers. Das Gesamtbild der Fassade und der Südseite bleibt aber ein Ausnahmefall in der Bretagne, der es sonst an Gebäuden aus dieser Epoche und vor allem dieser Qualität fehlt. Das große Fenster über dem Portal und die ganze Nordseite des Gebäudes gehen auf Ende des XV. Jahrhunderts zurück. Der Chor wurde 1507 begonnen, wie eine Inschrift bezeugt, die der von Saint-Malo, an der sie sich auch inspiriert,

Links die Fassade der Kirche Saint-Sauveur, unten Detail des romanischen Portals.

Nächste Seite, oben, der Uhrturm; unten alte Häuser mit Vorbauten und Fachwerk.

Das Tor von Jerzual.

Kleine Geschäfte beim Uhrturm.

Nächste Seite, oben, die alte Brücke über die Rance; unten das Schloß, wo das Museum untergebracht ist.

ähnlich ist. Die Dekoration, vor allem in den Kapellen, kündigt schon die Renaissance an. Der Turm, der im XVII. Jahrhundert begonnen worden ist, erhält seine seltsame Spitze im folgenden Jahrhundert. 1810 wurde der Grabstein, unter dem nach seinem Wunsch das Herz des Du Guesclin behütet war, in diese Kirche gebracht, in der wir auch eine interessante Einrichtung vorfinden. An der Rue **l'Apport**, Hauptstraße der mittelalterlichen Stadt, liegen die berühmten vorkragenden Fachwerkhäuser, mit ihren aneinanderstoßenden Giebeln und den charakteristischen horizontalen Absätzen. Die meisten stammen aus dem XV. und XVI. Jahrhundert, man kann bei manchen eine Art gläsernen Vorsprung sehen, der etwas an die Aufbauten auf alte Schiffe erinnert. Solche Fenster gab es auch im alten Saint-Malo. Unter den Vorsprüngen ließen sich Kaufleute und Handwerker nieder. Man kann sich wohl vorstellen, was es für Verkehrsstockungen in diesem Teil der Stadt gab, wenn die schweren Wagen, die in beiden Richtungen der Rance entlangfuhren, sich hier kreuzten, auf der einzigen Achse, die damals bestand, bevor 1852 die große Brücke gebaut wurde. Im Herzen der Stadt erhebt sich seit dem XV. Jahrhundert der **Tour de l'Horloge**, der sich mit einem eleganten Spitzbogenvorbau auf die gleichnamige Straße öffnet. Die große Glocke, die die Stunden anschlägt, hatte die Herzogin Anne zur Patin, aber 1906 mußte sie neu gegossen werden. Durch eine vor kurzem angelegte Passage, die frühere Innenhöfe miteinander verbindet, und wo jetzt eine hübsche Einkaufsgalerie gebaut worden ist, erreicht man den platz **Du Guesclin**, und kann sich dann zum **Château** begeben. Hier ist ein eben renoviertes Museum untergebracht. Der Turm, der ein Zeitgenosse des Turms Solidor de Saint-Servan ist, wurde 1382 nach einem Auftrag des Herzogs Jean IV. von Bretagne begonnen. Auf vier Etagen finden wir hier wunderschöne Säle und eine Kapelle. Die Sammlungen berichten von der Geschichte Dinans, und von der Umgebung. Außerdem hat es beachtenswerte liegende Figuren aus dem XIV. Jahrhundert an der Straße zum **Tour de Coâtquen**. Nach dem Viadukt hat man eine herrliche Aussicht auf das Rance-Tal hinunter, und auf das Hafenviertel von Dinan, wo aber nur noch Sportsegler und die Schnellboote, die Ausflüge nach Saint-Malo machen, anlegen. Es lohnt sich, nach der rue l'Apport die malerische **rue du Jerzual** einzuschlagen, die bis zur alten Brücke hinuntergeht. Handwerker versuchen, diesem Stadtviertel, das einst emsig pulsierende Leben zurückzugeben. Diese Straße schließt ein spitzbogiges Tor ab, das in einen alten Turm der Stadtmauer eingelassen ist. Auch hier wunderschöne Holzhäuser, die sehr sorgfältig restauriert worden sind. Ist man so lange den Berg hinabgegangen, so laden die Kaistraßen und die Treidelwege zum spazierengehen ein. Nichts schöneres gibt es, als diese Uferwege der Rance, wie Chateaubriand so richtig geschrieben hat.

Nächste Seite, oben, der Strand von Ecluse und die Pointe Malouine in Dinard, unten Pointe du Décollé in Saint-Lunaire.

Fort de la Latte.

DINARD

Gegenüber der Korsarenstadt bildet Dinard am linken Ufer der Rance-Mündung einen auffallenden Kontrast. Hier weder Geschichte, noch historische Denkmäler, nur ein ziemlich neuer Ort, der aus Villen, Hotels und Ferienwohnungen besteht. Dinard ist in der Tat kurz nach 1850 durch die Begeisterung reicher englischer Familien, die hier ihre ersten Villen bauten, entstanden. Der Ort zog bekannte Persönlichkeiten an, Schriftsteller, Männer der Politik, Adlige, Künstler. Trotzdem die Kunden heute andere sind, und sich der Geschmack verändert hat, hat Dinard seinen besonderen Charme beibehalten. Die Schönheit der Lage, zusammen mit der üppigen Vegetation machen die Wahl der ersten Ansiedler verständlich. Gegenüber von Saint-Servan und dem Solidor-Turm, liegt im Windschutz die **Promenade du Clair de Lune**, die die kleine Bucht von Prieuré beherrscht, einer der hübschesten Orte hier. Man muß an einem schönen Sommerabend hierher kommen, wenn die Anlagen beleuchtet sind, und Musik durch die Luft klingt. Wie alle Badeorte, die auf sich halten, hat auch Dinard ein Kasino, der Palais d'Emeraude, ein Zentrum für Kongresse und ein geheiztes Schwimmbad. Diese Gebäude liegen direkt an dem großen **Strand l'Ecluse**, der seinen feinen Sand bis Moulinet und Malouine ausdehnt, welche zusammen mit La Vicomté die schönsten Wohngegenden von Dinard darstellen.

LA COTE D'EMERAUDE

Saint-Lunaire mit seiner **Pointe du Décollé** ist sicher einer der schönsten Aussichtspunkte der Côte d'Emeraude. Dieser Name entstand Anfang des Jahrhunderts wegen der Reflexe, die ein oft wechselnder Himmel, die Algen, die Strömungen, die Daumkronen, die sich auf diesen Felsenklippen im Wind krümmen, diesen Wassern verleihen. Nach Osten hin liegt die Halbinsel **Malouine** mit ihren Vorposten befestigter kleiner Inseln, les Bés, Cézembre und etwas näher Harbourg. Im Westen die Spitze de la **Garde-Guérin**, Saint Briac, die Insel **Agot** und die Insel **des Hébihens**. In der Nähe vom **Cap Fréhel**, liegt auch direkt am Meer die Festung **Fort La Latte**. Wunderbar fügt sie sich in die Steilküste und in den rosa Granit, wo die Seevögel nisten. Sie wurde im Mittelalter begonnen, von einer Familie, aus der die Prinzen von Monaco hervorgegangen sind, und wurde mit ihren runden Türmen unter Vauban ausgebessert, der ihr auch die Kanonenbatterien schenkte, um die zu schlagen, die sich Saint-Malo nähern wollten.

Das von Athene bewachte Renan-Denkmal, Place du Martray.

Nächste Seite oben, zwei Ansichten der Fachwerkfassaden an den Straßen Ernest Renan und La Chalotais, unten das in Museum verwandelte Geburtshaus von Ernest Renan.

TREGUIER

Jaudy... Guindy. In Tréguier beginnt alles wie ein alter Abzählreim, der etwas altmodisch geworden ist. Denn hier herrscht die Vergangenheit noch vor, am Zusammenfluß der Flüsse mit den hübschen Namen Guindy-Jaudy.

Eine Stadt an der Mündung, früher einmal dem hohen Meer zugewendet, wie ihre bretonischen Schwestern, sehen die Kaie von Tréguier heute fast nur noch, wie der Sand sich anhäuft, den tapfere Küstenschiffe am Ende ihrer Karriere hochbefördern. Boote bringen ihren Rumpf hier in Schutz und schlafen das ganze Jahr über.

Fachwerkhäuser aus dem XV. und XVI. Jahrhundert verschönern den zentralen Platz Martray, dessen Name an den verschwundenen Friedhof erinnert, der neben der Kathedrale lag. Am unteren Ende der rue Renan stehen noch zwei viereckige Türme, Rest eines Tors in der nicht mehr vorhandenen Stadtmauer.

Das Rathaus ist im früheren Bischofssitz untergebracht. La Psalette, la Chantrerie erinnern an die Kinder und an die Sänger, die die Liturgie der Kathedrale belebten, als diese noch ihren Bischof hatte. Rue de la Chalotais und rue Gambetta, wo man das **Krankenhaus** besichtigen kann. Ein Besuchszimmer aus dem XIII. Jahrhundert, eine Kapelle aus dem XV. und XVII. Jahrhundert gehörten zum Reich der Krankenpfleger des Augustinerordens. Rue Colvestre, ein gewölbtes Tor von 1438 von dem mittelalterlichen Bischofssitz, der schon vor dem derzeitigen Palast bestand. Auf dem Platz Martray, südlich der Kathedrale, erhebt sich die Statue des **Ernest Renan**. Sitzend, den Stock in der Hand, vom Alter gebeugt, hat der Bildhauer Jean Boucher hinter dem Sohn Tréguiers die römische Göttin Pallas Athene dargestellt, behelmt und triumphierend, den Lorbeerzweig der Unsterblichkeit und des Ruhms stolz gezückt. **Das Haus von Renan**, wo die Mutter des Schriftstellers ein Kolonialwarengeschäft hatte, liegt an der Straße, die nun den Namen des Sohnes trägt, und ist als Museum eingerichtet. Man zeigt einem die Büste, die Briefe, die Manuskripte des großen Mannes, und das Umschlagtuch von Henriette, der immer aufmerksamen Schwester.

Wie in Saint-Pol ist es ein gallischer Mönch, der hier die Geschichte beginnt. Tugdal, anderswo auch Tudy oder Pabu genannt, streift zuerst an der Küste der Cornouaille von Quimper

herum, und kommt dann nach Tréguier, wo er um 540 zum Bischof geweiht wird. **Die Kathedrale**, ein komplexes Gebäude, hat nicht die gewöhnliche hohe Fassade. Die Türme stehen auf der Höhe des Transepts. Im Turm von **Hastings** im Norden stellt ein seltsames romanisches Kapitell die Bibelgeschichte mit Loths Söhnen dar. Der Turm im Süden aus dem XV. Jahrhundert bekam seine Spitze erst 1785, zur Zeit des letzten Bischofs von Tréguier Le Mintier, nachdem dieser vom König 20.000 Pfund erhalten hatte, die aus der Lotterie von Paris entnommen worden waren. Die Kirche wurde 1339 begonnen und hat ein gotisches Schiff mit Triforium. Saint Yves, der Schutzpatron der Rechtsanwälte, ist hier begraben, eine 1890 gefertigte Kopie des ursprünglichen Grabs, das vom Bataillon d'Etampes zerstört worden war, die das Gebäude 1794 besetzt hatten. Der Kopf des Heiligen ist in einem Reliquiar im Schatz der Sakristei aufbewahrt.

Das **Kloster**, ein wenn auch unregelmäßiger, doch perfekt ausgenutzter Raum, wurde 1450 begonnen. Das Maßwerk der Fenster

Links, Südseite der Kathedrale, unten das Schiff, das im gotischen Stil erbaut ist.

der Kathedrale, an die es angebaut ist, geht über in die 48 Arkaden der drei Flügel. Ein kaum angedeuteter Flamboyant-Stil, im Wechsel die starken kreuzförmigen Pilaster und die leichten Säulen mit den einfachen Kapitellen. Die Emporen sind wahrhaftige Museen der Grabkunst, mit Sarkophagen in denen man den Abdruck des Körpers sieht, die eingravierten Grabsteinplatten, an der Mauer befestigt, und Figuren, die auf ihrem Grab liegen.

Die Grabinschriften berichten von längst verstorbenen Persönlichkeiten: E. Etiemble Morfoace, 1349; Eder, Bischof von Saint-Brieuc, gestorben am 24. Dezember 1431; Marguerite, vom Geheimnis umwoben, am 10. April 1463 verschieden; und drei liegende Figuren, die Roland Doré de Landerneau gegen 1640 in den Kersanton gehauen hatte, Herren aus der Familie Bréhant und Bois-Boissel, in der Haltung der Musketiere.

Im Zentrum des Vierecks das Kreuz aus dem XVIII. Jahrhundert, das 1938 Plouguielen wieder hierher brachte. Es erhebt sich an der Stelle, wo eine Statue des Heiligen Yves stand.

Rechts, Ansicht des 1339 im Stil der Hochgotik neu erbauten Chors; unten das Klosterinnere mit den schönen Öffnungen mit Maßwerk im Flamboyant-Stil.

Oben der Felsen des Wachtpostens in Port-Blanc, links die vor kurzem restaurierte Mühle der Lande du Crac.

PORT-BLANC

Port Blanc ist vor allem eine **Wache**, ein Oratorium, wo die Statue der Jungfrau über eine Meerlandschaft wacht, wo wenige Schritte von der Küste entfernt langgezogene Inseln verstreut sind.

Seit einem Jahrhundert haben sich viele Berühmtheiten hier niedergelassen: Anatole Le Bras, der Sammler von Legenden, erwarb 1898 den Besitz Kerstellic; **Ty Chansonniou** war der Aufenthaltsort von Théodore Botrel, bevor er sich in Pont Aven niederließ; die Insel **Saint-Gildas** ist die Insel von Alexis Carrel, der große Biologe, Autor von "**L'homme cet inconnu**"; in Illiec, eine Taulänge entfernt, Lindbergh, der 1927 in den Spuren von Saint-Louis, den Atlantik überquert, und der sich 1938 hier niederläßt.

Das **Moulin de la Lande du Crac** ist 1986 restauriert worden, rosa Mauern, mit Schiefer durchwachsen, Schindeldach. Die großen Flügel erinnern sich nur, daß es an der Küste ausschließlich die Gewalt der Gezeiten gibt, die die Mühle drehen. Der Wind hat auch die Mühlsteine weggerissen.

PERROS-GUIREC

Die Strände mit feinem Sand, **Trestraou** und **Trestrignel**, haben Perros so berühmt gemacht, einer der berühmtesten Badeorte der Nordküste.

Die schöne Pfarrkirche, halb im romanischen Stil ist ganz aus rosa Granit. Nicht weit entfernt **Notre-Dame de la Clarté**, das Exvoto in Naturgröße, das ein Seemann, Herr Barac'h, gestiftet hatte, weil er vor dem Schiffbruch gerettet worden war. Hier spendet die Heilige Jungfrau ihre Vergebung, mitten im Sommer, am 15. August. Der Portalvorbau ist von einem Tympanon gekrönt mit einer Pietà und einer Verkündigung, und unter dem Gewölbe die Statuen der Jungfrau, der Heiligen Anna, des Heiligen Petrus und der Evangelisten.

Im Innern Altaraufsätze aus dem XVII. Jahrhundert, alte Statuen des Heiligen Fiacre, des Hl. Samson und des Hl. Nikolaus, Schutzherr der Matrosen. An den Mauern hängt der Kreuzweg, den Maurice Denis 1931 malte. Der Maler, dessen Größe bei nicht weit zurückliegenden Ausstellungen in Traouiëros und im Museum von Morlaix entdeckt wurde, verbrachte einen Teil des Jahres in Perros-Guirec.

Rechts die Kapelle Notre-Dame de la Clarté in Perros-Guirec; unten die überwölbte Portalvorhalle der Kapelle, ein fester Schutz für die Statuen der Heiligen Anna, der Jungfrau und einiger Apostel.

Oben, ein Blick auf den Hafen von Ploumanac'h, links der Leuchtturm an der Westspitze.

Nächste Seite zwei Ansichten der Küste mit ihrem rosafarbenen Granit zwischen Perros-Guirec und Ploumanac'h.

PLOUMANAC'H ET LA COTE DE GRANIT ROSE

Östlich der Gemeinde Perros-Guirec ist die Spitze Ploumanac'h. Hier haben das Meer und die Winde abstrakte Skulpturen hervorgebracht, **Pors-Rolland, château du Diable, Squewel**... Der Leuchtturm, der nach seiner Zerstörung am 4. August 1944 wieder aufgebaut worden ist, schützt die Seeleute vor den wunderbar rosafarbenen Felsen. Der Heilige Guirec, ein gallischer Mönch wacht in seinem Meer-Oratorium, auf einer Stele aus der Bronzezeit sitzend, mit anderen Funden, Electrum-Stücken, ein Zeuge der gallischen Niederlassung. Ganz in der Nähe der Park dieser alten Festung, die 1594 von den Königlichen im Kampf gegen die Heilige Liga erobert wurde.

Das **château de Costaéres** sieht in seinen Mauern den berühmten Autor des Buchs "Quo vadis, Seienkiewicz". Gustav Eiffel baut hier seine Villa Ker-Awel, ein geeigneter Name, Heimat des Windes.

Ploumanac'h war schon im XIV. Jahrhundert eine Stadt. Es hat seine bescheidenen Fischerhäuser, und soliden Mauern voller Erinnerungen beibehalten.

LE CHATEAU DE KERGRIST

Jean de Kergrist, der schönste christliche Name der Bretagne — Kergrist bedeutet Haus Christi — gründet 1537 sein Schloß im Hinterland. Später wurden seitlich runde Türme gebaut, die mit dem eigentlichen Hauskörper ein U bilden. Die Fassaden sind durch breite Fenster aufgehellt. Für die Einwohner Kergariou und Barbier de Lescoet hebt der Architekt die blasonierten Frontgiebel hervor und entwirft Treppen, die in einen französischen Garten hinunterführen. 1792 tragen sich die letzten Widerstandsgruppen des Ancien Régime der Bretagne ein.

PLOUGONVEN

In Plougonven kennt man die Künstler, die hier gearbeitet haben. Der Architekt des größten Teils der Kirche, die 1511 erbaut wurde, ist jener Philippe Beaumanoir, der eine originelle Form der Glockentürme und des Chors verbreitete. Die Kreuzigung von 1554 ist signiert: **Bastien et Henri Priget estoient Ymageurs** (Bastien und Henri Priget waren die Bildhauer). Yan Larc'hantec errichtet die drei Kreuze im Jahr 1898, inmitten von hundert Personen, die das Leben Christi, die Geburt und die Auferstehung erzählen.

Links Schloß Kergrist in Ploubezre; unten Enclos Paroissial in Plougonven.

Oben das Dock von Morlaix, das von dem großen Viadukt überragt ist; rechts die große Straße, die Hauptverkehrsader, an der alte, mit Erkern geschmückte Häuser stehen.

MORLAIX

Morlaix, **Mons relaxus**, ein verlassener Berg nach den Galliern und Römern, im Mittelalter wieder neu belebt auf dem Schloßhügel, am Zusammenfluß des Jarlot und des Queffleuth, auf dem Rücken zwischen zwei Ländern, so viel wie zwei Ethnien, Trégor und Léon, Schlüssel zu einer ausgedehnten Gegend, zwischen Meer und Bergen.
Morlaix kauert sich in die Ria, und öffnet sich zur Bucht hin, vom **Château du Taureau** bewacht, das den Engländern keine Angst mehr einflößt. Der Hafen ist mit Motor— und Segelbooten besetzt, die an den Anlegepontons unter der langen Fassade der Tabakmanifaktur anlegen, und ist von einem großen Viadukt mit vierzehn Bögen des Ingenieurs Fenoux beherrscht. In der Altstadt sind die Straßen von alten Häusern gesäumt, deren Fachwerk mit Skulpturen verziert ist.
Es gibt noch verschiedene Kirchen: **Notre-Dame du Mur** und seine Reste, **Saint-Mathieu**, auf dessen Turm die Kanone gegen die Liga steht, **Saint-Melaine**, das die Beaumanoir vor fünf Jahrhunderten erbauten. In dem alten Jakobinerkloster ist das kommunale Museum untergebracht, eines der lebendigsten der Bretagne.

Oben, Sicht über die Stadt vom Kreisker-Turm aus gesehen, links die Fassade der Kathedrale, die im normannischen Stil erbaut ist.

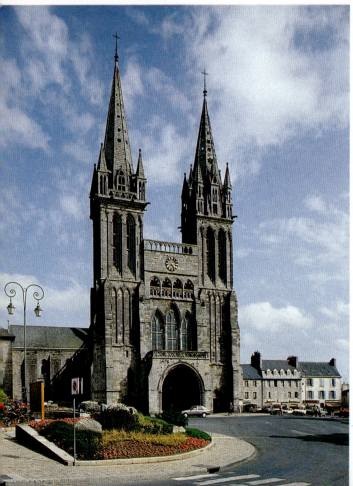

SAINT-POL-DE-LEON

Saint Pol, das bretonische **Castel Paol**, ist ein altes romanisches Castellum, das mit Paul Aurélieu in Verbindung gesetzt wird, ein gallischer Prediger, der im V. Jahrhundert das Evangelium verkündete, und zum ersten Bischof von Léon wurde.

In der **Kathedrale** hat das Schiff aus dem XIII. Jahrhundert, aus Kalkstein von Caen, die Charakteristiken der normannischen Gotik, die auch im Profil des Glockenturms erkennbar ist. Der Chor aus dem Jahr 1431 birgt einen Hochaltar aus Marmor, der von einem palmenförmigen Ziborium gekrönt ist, um den Kelch der Eukaristik darin unterzubringen. Umrahmt ist der Altar von einem Chorgestühl aus massiver Eiche (1504), das von Skulpturen, die die Pflanzen- und Tierwelt darstellen, wimmelt. Außerhalb des Chors reihen sich die Gräber, darunter das des Monsignore de la Marche, des letzten Bischofs, und eine Reihe von Graburnen, in Kapellenform, die auf den **Etagères de la nuit** stehen. Der Glockenturm nahe des **Kreisker**, XV. Jahrhundert, weist den Einfluß des senkrechten englischen Stils auf. Voll kühner Herbheit erinnert er an die Berufung einer Stadt, die seit jeher dem Überseeverkehr, bis nach Amerika, zugewendet ist.

Oben Schloß Kerjean in Saint-Vougay, das von mächtigen Mauern geschützt ist, an den Ecken mit quadratischen Türmen ausgestattet; rechts die Kapelle Notre-Dame du Kreisker in Saint-Pol-de-Léon, die von dem wunderschönen, 77 Meter hohen Kirchturm beherrscht wird.

CHATEAU DE KERJEAN

Im Hochwald versteckt, mitten in der reichen Ebene voll Gemüsegärten, mauert sich das Schloß von Kerjean in seine großen viereckigen Befestigungsmauern ein, im Schutze seiner Wassergräben. Niemand ruft "die Schöne im Dornröschenschloß", im prachtvollsten Stil von Léon. Louis Barbier, der Neffe von Hamon, Kanonikus von Léon, hatte es gegen 1580 im neuen Stil erbauen lassen, hat den Renaissance-Stil übernommen mit Reminiszenzen von Anet, dem Schloß der Diane de Poitiers, der Dame mit dem Halbmond.
Kerjean heißt Renaissance, sein Einfluß breitet sich auf die Kirchen im Tal des Elorn aus. Der Innenhof, an dem die Wirtschaftsgebäude liegen, hat einen wunderschönen Brunnen mit einem Kuppeldach, das von korinthischen Säulen getragen wird. Hinten liegt das Hauptgebäude. Der Rittersaal wurde leider während eines Brands zerstört. Die Dachfenster, die Schornsteinköpfe, die Walmdächer bilden mit den feinen Laternen des ersten Stocks das typischste Beispiel für ein Schloß, das man das bretonische Versailles nennt, und das man jetzt allmählich aus seinem Schlaf aufweckt.

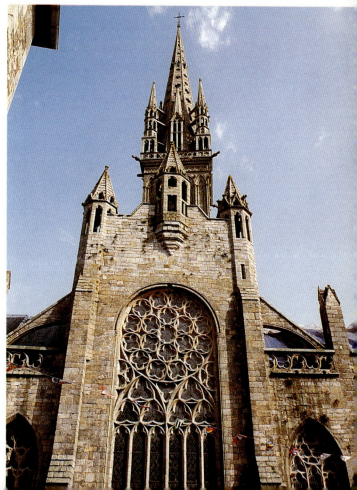

ROSCOFF

Roscoff lebt nach dem Rhythmus seiner aufeinanderfolgenden Häfen, der alte **Rosko-goz**, beinahe verschwunden, die rade du Vil, mit ihren Motor— und Segelbooten, der **Port des caseyeurs et des Johnnies**, die einst auszogen, um den englischen Damen ihre Zwiebeln von Haus zu Haus zu verkaufen, und nach 1974 das Tiefwasser-Hafenbecken an der Spitze von Bloscon, wo die Schiffahrtslinien nach Irland und nach England abgingen. Die weiße **Kapelle Sainte-Barbe**, die von den Seeleuten verehrt wird, beherrscht alles. In der Stadt haben die Häuser aus dem XVI. Jahrhundert mit den schönen Dachfenstern die Flügeltüren ihrer alten Kellerräume direkt auf den Gehweg geöffnet. Lagerhäuser reicher Kaufleute, auf deren Kaminen ausländische Namen stehen, die Reeder vergangener Zeiten eingraviert haben.

Eine seltsame und anziehende Stadt, ist Roscoff wie eine Poesie. Tristan Corbière schrieb hier sein Lied, "Amours jaunes". Littré erholte sich hier von der Arbeit seines Wörterbuchs der französischen Sprache. Louis-Ferdinand Célin vollendete seine medizinische Arbeit auf der biologischen Station von Lacaze-Duthiers. Ein Seebad, mit dem natürlichen Jod aus dem riesigen Watt von Roscoff ist ein Gegengewicht zur hochqualifizierten medizinischen Wissenschaft...

Die **Kirche Notre-Dame de Kroaz-Baz** wurde im XVI. Jahrhundert von Pfarrern erbaut die das Joch des nahen Saint-Pol müde waren. Der Glockenturm ist stufenförmig angelegt, und hat elegante Laternen. In die Mauern sind Segelschiffe eingehauen. Ein großer Altaraufsatz mit gedrehten Säulen beherrscht den Altarraum. Weiter finden wir Bilder der Apostel, der Jungfrauen und Altaraufsätze aus Alabaster von Nottingham. Es sei noch hinzugefügt, daß der seltsame Name Notre-Dame de Kroaz-baz von dem Kreuz herrührt, das den Anlegeplatz zur **Insel de Batz** überragte, eine nahe Insel mit einem ausnahmsweise milden Klima.

Nächste Seite, Sicht auf den Hafen von Roscoff.

Roscoff, die Kirche Notre-Dame de Croaz-Baz, bekannt auch weil hier in der Nähe das Kreuz stand, von wo aus die Schiffe zur Ile de Batz in See stachen.

LES ENCLOS PAROSSIAUX

Im Bezirk Léon ist diese originelle Art der Umfriedung der Fläche rings um die Kirche die Basis für die künstlerische Ausdrucksform im XVII. Jahrhundert. Sie entsteht in einem besonders günstigen historischen und wirtschaftlichen Zusammenhang, aber auch in anderen Gegenden der Bretagne finden wir sie wieder, ein zusätzliches Merkmal der schon durch die Sprache gekennzeichneten kulturellen Identität. Die Art des Bodens und die Milde des Klimas haben in Léon den Flachsanbau für die Leinenerzeugung begünstigt und infolgedessen die ländliche Fabrikation von Stoffen und die Ausfuhr auf dem Seeweg vom XV. Jahrhundert ab. Diese Industrie und der Handel haben zum intensiven Geldumlauf und zu Reichtum geführt, was die Entwicklung der Pfarrkirchen im XVII Jahrhundert mit sich gebracht hat. Die Pfarrer häuften die Guthaben an, verwalteten mit gutem Erfolg die Güter der Gemeinde, und investierten unaufhörlich in den umfriedeten Kirchen, die zum Symbol der dörflichen Gemeinschaft werden. In der Tat ist das Mäzenatentum nicht mehr in der Hand der Herren, sondern in der laizistischen Versammlung der Pfarrei, ein sozialer Körper, der neue Notabeln hervorbringt. Ihr Geschmack richtet sich vom Ende des XVI. Jahrhunderts bis zum XVIII. Jahrhundert auf die Ästhetik der Renaissance, geht dann zum Barock und Klassizismus über. Ihr finanzieller Reichtum läßt sie auf allen Ländereien immer neue künstlerische Aufträge geben. Der demographische Zuwachs bringt die Vergrößerung der gotischen Struktur der Kirche mit sich, und die Aufstockung der mächtigen Glockentürme. Die Verwalter der Pfarreien lassen Portalvorbauten im Süden errichten, unter denen man sich nach der Messe zum Rat versammelt. Der lokale Kult und die katholische Devotion drücken sich durch die Vervielfältigung der Altaraufsätze und Statuen aus. Die kirchlichen Feste sind Gelegenheit für die Zurschaustellung der Ornamente, der liturgischen Goldschmiedekunst und der glänzenden Banner. Man versteht auch, daß sich in diesem Zusammenhang eine gewisse Konkurrenz zwischen den Pfarreien entwickelt hat, ein Wettbewerb der zu richtig gehenden Lokalkämpfen geführt hat. Die entsprechenden Beispiele sind vor den nahen Gebäuden zu erkennen, die Apsis Beaumanoir von Saint-Melaine de Morlaix aus dem XV. Jahrhundert ist Bodilis und dem Beinhaus von Saint Thégonnec nachgeahmt; die gotische Turmspitze des Kreisker von Saint-Pol-de-Léon findet sich in Lampaul-Guimiliau und und in Bodilis wieder, das Renaissance-Werk des Schlosses von Kerjan aus dem Jahr 1580 ist auf der Tür des Enclos von Saint-Thégonnec und in den Vorhallen der Apostel von Bodilis, von Thémaouézan und von Landerneau illustriert; später dann werden die Modelle unterschiedlicher, wie die Kuppeln der Glockentürme von Pleyben und von Saint-Tégonnec. Die Auftraggeber haben Meister von großem Können herbeigerufen, und Bildhauer nationaler und internationaler Kultur, die in den Ateliers der königlichen Marine von Brest ausgebildet worden waren.

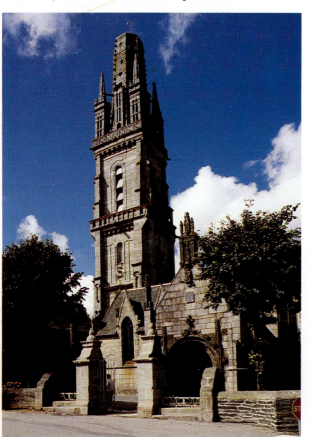

Lampaul-Guimiliau, erbaut zwischen 1533 und 1680. Die Kirchturmspitze wurde 1809 vom Blitz getroffen.

Bodilis, Ansicht des Kirchturms (1570) und des Portalvorbaus. Wie auch in Lampaul-Guimiliau, hat auch dieser Kirchturm den des Kreisker von Saint-Pol-de-Léon zum Vorbild.

Lampaul-Guimiliau: oben Triumphbalken, rechts Tabernakel.

LAMPAUL GUIMILIAU

In Lampaul-Guimiliau glänzt der verhältnismäßig niedrige Bau durch seine vielfabige Ausstattung. Die **poutre de gloire** vom Ende des XVI. Jahrhunderts trägt eine Kreuzigung aus dem XVII. Jahrhundert mit Szenen der Leidensgeschichte und den zwölf Sybillen, alles im malerischen, beinahe naiven Stil, farbenprächtig, was auf eine lokale Handarbeit hinweist. Dahingegen sind das Tabernakel, die herrlichen Seitenaltare, die Taufbecken und die Orgelempore, alle aus dem XVII. Jahrhundert Ausführungen von hohem Niveau. Man kann auf einigen Altarbildern die Nachahmung nordischer Maler wie Rubens erkennen. Zwei Werke zeugen vom Eingriff ausländischer Künstler, das Altarbild der Leidensgeschichte aus dem XVI. Jahrhundert, das aus Antwerpen kommt und die Grablegung aus dem Jahr 1676 von Chavognac, ein Bildhauer aus der Auvergne, der sich in Brest niedergelassen hatte.

Guimiliau, Südfassade und Enclos.

Nächste Seite, der Calvaire von Guimiliau, der zwischen 1581 und 1588 ausgeführt wurde, in der oberen Reihe die Taufe Christi, die Kreuztragung, Abstieg in den Limbus, unten Heimsuchung Mariä, Fußwaschung, Verkündigung.

GUIMILIAU

Die architektonische Anlage, die sich den Augen des Besuchers in Guimiliau zeigt, ist ein Beispiel für die Entwicklung dieser Bauten von Anfang des XVI. Jahrhunderts bis Ende des XVII. Jahrhunderts, links der Glockenturm mit seinen Erkertürmchen, durch das man in den Glockenraum gelangt, dann eine große Kapelle mit einem außerordentlich schönen Taufbecken in Baldachinform, das gegen 1630 mit einem Beinhaus verbunden wurde; im Zentrum die große Vorhalle, die mit Ornamenten und Skulpturen ganz überladen ist; und die zwischen 1606 und 1617 gebaut wurde, die Fassade setzt sich mit einer Reihe von Giebeln fort, die Seitenkapellen entsprechen; rechts eine große Sakristei mit Vierpaßgrundriß, die 1683 erbaut wurde. Im Osten ein zweites Beinhaus von 1648, eine unabhängige Kapelle, die ebenfalls ein Altarbild enthält. Das Ganze besteht aus einer Anhäufung von Massen und einem Gewirr von Fialen, eine Leinwand, auf der sich das große Kalvarium des ausgehenden XVI. Jahrhunderts abspielt. Im Gegensatz zu den Calvaires mit pyramidenförmiger Struktur, wie das von Saint-Thégonnec, besteht dies aus einer breiten Masse, auf der sich 27 Szenen abspielen, ohne eine klar erscheinende Logik. Es scheint in der Tat als würde sich die Gruppierung der Szenen um ein theologisches Thema drehen, und das Kalvarium ist nicht nur ein künstlerisches Werk, sondern ein Mittel des religiösen Unterrichts und der Predigt. Die Skulptur, in der die malerischen Details vorherrschen, erscheint voll überschäumendem Leben. Das monumentale Portal endlich, das mit Gittern befestigt ist, gibt den Zutritt zum Enclos, und die seitlichen Passagen sind mit Steinplatten versehen, so daß keine Tiere eindringen können. Von der Taufe bis zur Beerdigung ist hier für das religiöse Leben der Christen alles vorgesehen, in beeindruckender Aufeinanderfolge und mit einer Pracht, die unsere Vorstellungskraft übersteigt. Die kulturelle Organisation des Enclos Paroissial geht wohl auf vorchristliche Traditionen zurück, der Begriff des abgeschlossenen und reservierten Raums ist ein wesentlicher Bestandteil. Um die Gebäude liegt kein Friedhof, sondern eine Übergangszone zwischen dem Irdischen und dem Religiösen. Das Beinhaus und der südliche Portalvorbau erscheinen wie liturgische und symbolische Etappen, die einen auf das geheiligte Universum vorbereiten, sei es auf denjenigen, der den Gottesdienst abhält, sei es auf den Herrn im Jenseits.

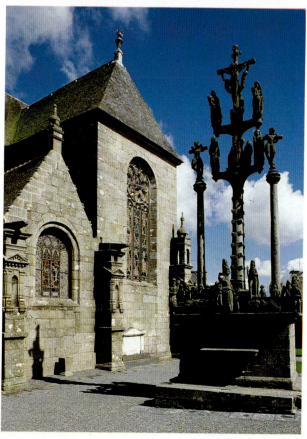
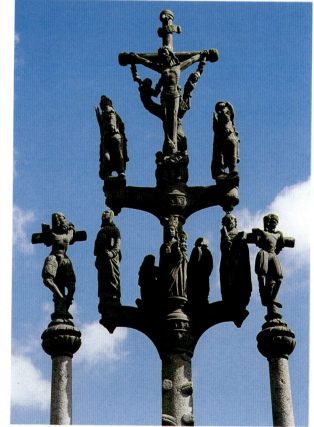

Nächste Seite oben, Südfassade und Enclos in Saint-Thégonnec. Unten der Calvaire von 1610 und Opfertafel, zwei Reiter bewachen das Kreuz; die Heiligen Petrus und Paulus bewachen die Jungfrau Maria und das Jesuskind; die ans Kreuz gebundenen Schächer haben zeitgenössische Hosen an.

Ansicht des Chors von Saint-Thégonnec: Verkleidung von 1730. Kanzel von 1683 und Seitentafeln aus dem XVII. Jahrhundert.

SAINT-THEGONNEC

Die reichen Notabeln und Pfarrer von Saint-Thégonnec trieben ihren Willen zur Zurschaustellung auf die Spitze, indem sie die Baukampagnen von 1563 bis 1730 unterhielten, und ihren Enclos ein äußerst monumentales Aussehen verliehen, das zeitmäßig letzte in Léon. Ohne sich von der Struktur der gotischen Apsis loszulösen, haben die Meister die Beinhaus-Kapelle und das Triumphportal mit einem so reichhaltigen Renaissance-Schmuck überladen, daß es beinahe zu viel ist. Im Gegensatz zu dieser Anhäufung steht der Turm, aus der gleichen Zeit wie der von Pleyben, mächtig und massig und von Laternen gekrönt. Das Schiff und die Apsis, die zu Anfang des XVIII. Jahrhunderts neu erbaut wurden, erscheinen wie monumentale aber neutrale Volumen, und bilden im Innern einen klaren Raum, der die herrliche Einrichtung hervorhebt.

Der liturgische Raum ist durch die vielen Altaraufbauten und die Kanzel theaterhaft gestaltet, letztere bildet einen hohen Pfeiler der Mauer des Transepts, und führt Statuen und Gruppen auf die Szene, welche von reichhaltigen Ornamenten umrahmt sind. Lokale Künstler haben sie entworfen und ausgeführt, Architekten von Morlaix und von Lampaul, Bildhauer von Morlaix, Landivisiau und Brest, die alle daran gewöhnt waren, die königlichen Bauten in Brest zu verschönern. Die katholische Religion, so wie die Gegenreformation sie wollte, zeichnet sich mit klarer Eloquenz aus der ästhetischen Ausdrucksform und dem Geschmack der Auftraggeber ab. Im Prinzip theologisch, aber visuell in der Gestaltung, den sensiblen Herzen und der Phantasie nahe, wo die Schönheit der Werke ein Echo der göttlichen Gnade hervorrufen soll. Die Kunstwerke gehören zu den guten Werken, die die dörfliche Gemeinde auf Grund ihres Reichtums verwirklicht hat, und sie bringen die Allgemeinheit dem Seelenheil näher. Hier und in anderen Enclos laden Inschriften, auf bretonisch, französisch oder latein, oft in die Beinhäuser eingraviert, dazu ein, über den Tod nachzudenken, über die Vergänglichkeit der gesellschaftlichen Position und die kurze Dauer des Lebens, wie in Ploudiry und in La Martyre.

SIZUN

Zwischen Léon und Cornouaille haben die Pfarrbezirke, die an die Monts d'Arréé grenzen, heute der Regionalpark Armorique, im XVII. Jahrhundert denselben wirtschaftlichen Erfolg gehabt, wie die an Leinenwebereien reichen Pfarrbezirke von Léon, Sizun im Norden des alten Bergmassivs, oder Pleyben im Süden. Viele architektonische Spuren deuten auf die Leinenweberei hin, die in den Bauernhäusern ausgeübt wurde, wie die dreieckigen Giebel und die überdachte Außentreppe, vor allem aber ist die majestätische Entwicklung des Enclos das greifbarste Anzeichen. Wie in Léon beginnt das architektonische Abenteuer gegen Ende des XVI. Jahrhunderts und kommt in Formen der Renaissance zum Ausdruck. Bei den prachtvollen religiösen Festen, die eine große Masse von Menschen zusammenrief, konnte der Prediger von der Plattform des majestätischen Portals von Sizun aus, das an einen richtig gehenden Triumphbogen erinnert, sich an die Menge wenden. Was das Beinhaus anbelangt, so diente es zum Gebet und als Leichenkapelle, und die Größe spricht für die Bedeutung, die diese Gesellschaft dem Tod beimaß. Im Innern der Kirche haben die Künstler, die aus den Ateliers der Marine hervorgegangen sind, im Lauf des XVII. Jahrhunderts den ganzen Raum mit prunkvollen Möbeln besetzt. Man beachte das feine und diskrete Können der Meister des XVIII. Jahrhunderts, in Sizun haben sie die gotische Form des Glockenturms von Léon aus dem XV. Jahrhundert nachzuahmen gewußt.

Zwei Ansichten des Enclos von Sizun: Thriumphtor, Beinhaus aus dem Jahr 1590, und Glockenturm von 1728.

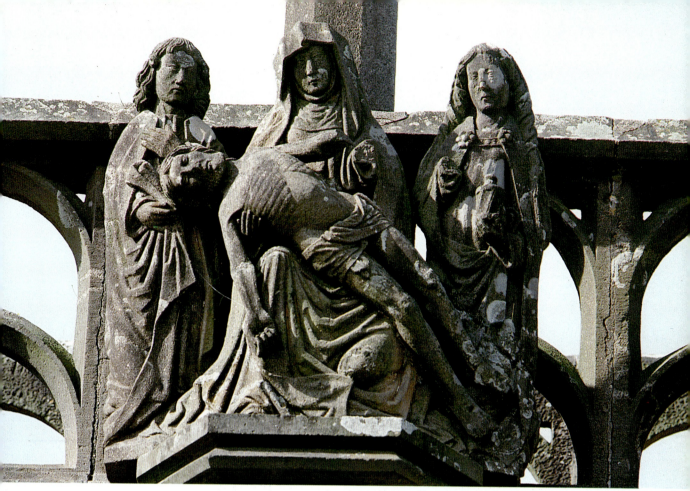

Oben das Martyrium: Kreuzabnahme in Kersanton aus dem XVI. Jahrhundert. Rechts Pleyben, der erste gotische Glockenturm, Turm von 1588 und Calvaire von 1555.

PLEYBEN

In Pleyben haben die Baumeister dem Schiff eine sehr schöne Sakristei hinzugefügt, dessen zentraler Aufriß einem Renaissance-Modell entspricht, als hätten die Architekten hundertdreißig Jahre später die Einheit beibehalten wollen, indem sie für die Sakristei Kuppeln bauten, die an den Glockenturm und seine Laternen aus dem Ende des XVI. Jahrhunderts erinnern. Dies Bemühen um die Kontinuität finden wir bei den Arbeiten zur Vervollständigung des großen Calvaires wieder, das im Atelier der Ozanne ausgeführt wurde, eine Familie von Architekten, Graveuren, Zeichnern und Malern, die in Brest für den König arbeiteten.

LA MARTYRE

An der Grenze zwischen Léon und der Cornouaille, im Tal des Elorn, liegt das Enclos La Martyre, das Mitte des XV. Jahrhunderts begonnen worden war, und das zeitmäßig eines der ersten ist. Dieser Wallfahrtsort war auch berühmt wegen seines Pferdemarkts, und der Herzog von Bretagne schenkte ihm besondere Fürsorge. Auf dem gotischen Portalvorbau sind zahlreiche Wappen zu sehen, ein Stück feudaler Geschichte.

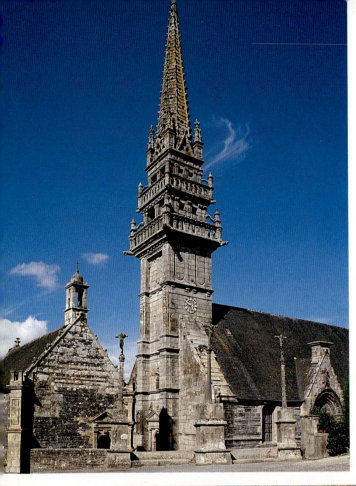

LA ROCHE-MAURICE

La Roche-Maurice hat eine Silhouette, die wir bei diesen Kirchen oft antreffen, ein Dach mit langen Seitenflächen, auf nicht sehr hohen Stützmauern, wie mit dem Boden verankert. Die von Giebeln unterbrochene Mauer und der Glockenturm über dem Portal haben auskragende Galerien. Das Ganze, in besonders homogenem Stil wurde zwischen 1539 und 1640 erbaut. Auf dem schönen Beinhaus, **Ankou**, ist der mit einem Spieß bewaffnete Tod dargestellt, wie er zwischen Inschriften einen makabren Tanz ausführt. Der Innenraum ist durch das Dekor der Renaissance erleuchtet, Glasfenster und Lettner, die dem einfachen und wenig hohen Raum Leben verleihen, auch dies ist eine Charakteristik der bretonischen Kirchen, der noch mittelalterliche Geschmack für die bunten Farben und die warmen Töne. Auf den Glasfenstern, die in einem Atelier von Quimper hergestellt wurden, ist die Leidensgeschichte erzählt, die sich rund um die zentrale Szene der Kreuzigung abspielt. Oben das Wappen der Rohan, die Herren des Orts und Besitzer der nahen Burg. Dieselbe Anhäufung von Personen und ornamentaler Einzelheiten finden wir auf dem Lettner aus dem XVI. Jahrhundert wieder. Die Darstellung der Menschen ist nicht so hervorragend, aber die ornamentalen Motive der Renaissance, unter die sich gotisches Laubwerk und Fabeltiere mischen, sind sehr gelungen.

Links Glockenturm von 1589 und Beinhaus von 1639; unten Lettner aus dem XVI. Jahrhundert.

Nächste Seite Verzierungen aus der Renaissance: oben großes Fenster mit der Leidensgeschichte von 1539; unten Skulpturen der Apostel auf dem Lettner.

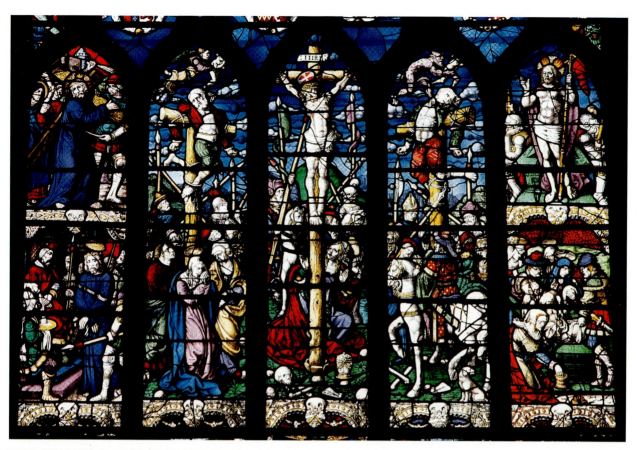
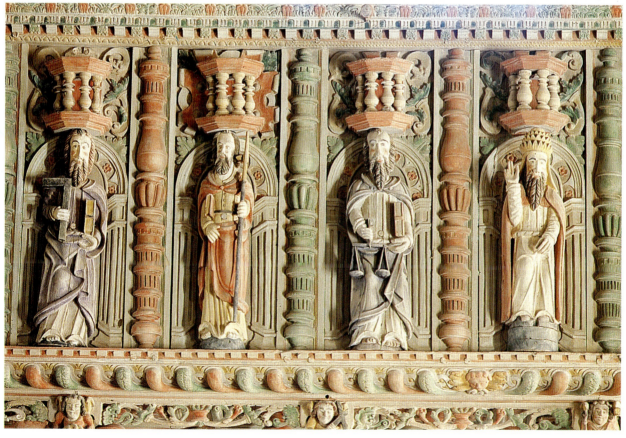

61

LE FOLGOET

Mitten in der reichen Umgebung von Léon ist die Basilika von Folget seit dem Mittelalter ein Wallfahrtsort der Bretagne, wo im September Tausende von Gläubigen herbeiströmen, um die wundertätige Statue der Madonna zu verehren. Der Bau wurde zwischen 1422 und 1460 vom Herzog der Bretagne unterstützt, der hier auch eine Statue hat, und von anderen wichtigen Persönlichkeiten. Dies erklärt auch die Qualität der Architektur und der Skulptur, vor allem der **Altaraufbau mit den Aposteln** und der **Lettner**, die beide aus Kersanton sind. Dieser vulkanische Stein, der in einem Steinbruch bei Brest gewonnen wird, ermöglicht eine äußerst feine Verarbeitung, die für den Flamboyant-Stil besonders geeignet ist. Der Lettner ist eine einmalige Verwirklichung, dessen Linien ein elegantes, dunkles Maßwerk bilden, die sich vor dem Chor abheben, durch die hohe Glaswand von Licht überflutet. Mehr als andere Wallfahrtsorte ist le Folgët der historische Ausdruck für die Marienverehrung, und hat viele Kunstwerke inspiriert.

Nächste Seite, der Roc'h Trévézel auf den Monts d'Arée, ein Massiv aus der Primärzeit mit seinen harten Schieferzacken, die über ein mit Wasser durchtränktes Torfmoor herrschen. Eine Heidelandschaft mit Stechginster und Erika macht den Zauber dieses Orts aus.

Rechts, Südfassade Calvaire und Denkmal aus dem XIX. Jahrhundert von Folgoët. Unten zwei Werke aus Kersanton-Granit im Innern der Kirche: Statue eines Betenden aus dem XVI. Jhdt. und Lettner aus dem XV. Jahrhundert.

Folgende Seiten: links Austernkultur bei Ebbe und Zucht der Venusmuscheln in Landéda; rechts Leuchtturm der Insel Vierge à Lilia in Plouguerneau, der höchste Leuchtturm Frankreichs (177 m), der seit 1902 sein Licht auf die See wirft.

LES ABERS

Im Land **des Abers** (Wrac'h, Benoît, Ildut) kommt der Reichtum vom Meer her, das tief in das niedrige Plateau eindringt, und die abweisende Küste zerklüftet. Algen und Austern, Krebstiere und Muscheln werden intensiv ausgebeutet, mit modernen Methoden sowohl was die Verwendung, als auch was die Betriebsführung anbetrifft. Vom Meer her kommen auch die Gefahren, denn heftige Strömungen und die Klippen mit ihren langen Ausläufern sperren die Buchten ab, und bilden richtige Fallen für die Schiffahrt. Um den Risiken zu entgehen, hat man im Lauf der Jahrhunderte Signale und dann Leuchttürme auf den Inseln, wie auf **Ile Vierge**, oder auf den Vorsprüngen wie **Kermorvan** und **Saint Mathieu** erbaut.

Die Gewalt des Meers und der Schaumteppich, der bei Stürmen die bedrohlichen Felsen überdeckt, machen die Vorsicht des Menschen oft vergeblich. Man denkt noch an den Bruch, den der Supertanker "Amoco Cadiz" an der Spitze von **Portsall** im Frühjahr 1978 erlitt, und an die schwarze Flut, die auf lange Zeit hinaus die Umwelt verschmutzt hat.

Vom Meer her tauchten die feindlichen Flotten auf, kamen Überfälle und Plünderer. So ist die Küste mit Befestigungen versehen. Von den Heeren des XVII. Jahrhunderts bis zur Blockade des Atlantiks (1943) waren die Engländer der ewige Feind. Die Gefahren der See und die Angst vor Überfällen haben Mythen entstehen lassen, die sich zäh halten. Deshalb nennt man das Land des Abers ''côte des légendes''. Hinter dieser bewegten Welt kommt man auf das **Plateau du Léon**, das von kurzen, eingekeilten Tälern unterbrochen ist. Dies ist eine ländliche Gegend, wo eine leistungsfähige Landwirtschaft die Melancholie eines windigen Landes nicht verwischt hat, und wo industriell aufgezogene Viehhaltungen neben Kapellen und Heilquellen liegen. In einem Wort, diese Bocage-Landschaft mit ihren verstreuten Weilern, Landsitzen, Megalithen und Friedhöfen ist das Land der bretonischen Mysterien.

Nächste Seite, zwei Ansichten von Conquet: oben die Pointe de Kermorvan und die mächtige Festung, die den kleinen Hafen beschützt, unten Ria und Hafen.

Unten ein Boot an der Kaimauer von Conquet.

OUESSANT

Will man die Inseln erreichen, so schifft man sich in **Conquet** ein. Diese kleine Stadt wurde mehrere Male von den Engländern in Brand gesteckt und man hat vergessen, daß sie im XVI. Jahrhundert eines der größten Zentren der Kartographie in Europa war. Die niedrigen Inseln erscheinen am Horizont, und gleichzeitig tausend Felsen, Leuchttürme, Türmchen, Bojen in den Strömungen. Das Schiff fährt an **Béniguet, Quéménès, Trielen** vorbei, unsicheres Land, das jetzt den Kaninchen und den Vögeln überlassen ist, es legt in Molène an, wo eine Faust voll treuer Inselbewohner an diesem gefährlichen Stück Erde festhält. Wenn man am **Fromveur** vorbei ist, eine der gewaltigsten Strömungen des Westens, kommt man in **Ouessant** an, "l'île la plus haute". Die hohe Steilküste säumt im Osten dies Plateau (8 x 4 km), das heute beinahe unbewohnt ist, und das als äußerster Aussichtspunkt des Westens angesehen werden kann. An jeder Extremität ein Leuchtturm, im Westen der mächtige **Creac'h** und im Osten le **Stiff** mit einem zweiten Wachturm, wo Radar unaufhörlich die beiden Verkehrsrichtungen des Ärmelkanals kontrollieren. Mehr als vierhundert Schiffe befahren jeden Tag diesen Verkehrsweg, eine Autobahn der See.

Nächste Seite zwei Ansichten der Insel Ouessant, die heute fast verlassen ist, und wo früher Weizen wuchs: oben der Leuchtturm von Stiff (1685), unten die Mühle von Gouzoul.

Links die Kirche von Lampaul (1860) und ihr Kirchturm, den die Engländer nach dem Schiffbruch eines Passagierschiffs im Juni 1896 spendeten, unten die Nordwestküste und die Insel Ouessant.

Plougonvelin, die Pointe de Saint-Mathieu, ein Semaphor und ein Leuchtturm (1835), die die Ruinen einer großen Abtei (XIII. Jahrhundert) überragen.

Oben die Stadt Brest und ihre Werft, unten ein befestigtes Tor (XV. Jahrhundert) des Schlosses: diese einzige Öffnung in der Befestigungsmauer führt zur Marinepräfektur.

BREST

Der strategische Wert von Léon, die geschützte Lage der Reede hat eine Stadt entstehen lassen, die der König als geeignet ansah, einen Militärhafen dort anzulegen und ein Arsenal einzurichten. Richelieu installierte es (1631) auf dem **Penfeld**, eine kurze und gerade, stark eingedämmte Ria. Bald dehnte sich eine Stadt auf dem Plateau aus, vom Schloß bewacht, eine mächtige trapezförmige Festung, die immer wieder verstärkt wurde. Dreieinhalb Jahrhunderte später sind der Bau und die Reparatur der Kriegsflotte der Hauptlebensgrund von Brest und der antreibende Motor für eine Stadt von zweihunderttausend Einwohnern. J. Michelet hatte es richtig gesehen, als er sagte "die Macht Frankreichs ist an ihrem äußersten Ende angehäuft".

Während des zweiten Weltkriegs wurden die günstige Lage und die Konzentration der Waffen zur Ursache für die Zerstörung der Stadt, die mehr als hundertfünfzig Mal bombardiert wurde. 1945 wurde alles dem Erdboden gleichgemacht, und ohne jede Originalität eine platte und rechtwinklige Stadt hochgezogen, keine Spur mehr von den Befestigungsmauern, den Tälern, den Passagen, den Treppen, die früher Besucher und Künstler entzückten.

Das Penfeld teilt heute noch die Stadt in zwei Teile, im **Osten Brest**, die Verwaltungs— und Geschäftsstadt, die französische, im Westen **Recouvrance**, die volkstümlichen Viertel, bretonisch, die Stadt der Arbeiter und der Seeleute. Eine Zugbrücke (1954) verbindet die beiden Ufer. **Das Schloß** hat bei den Zerstörungen im Krieg nicht viel Schaden erlitten. Von den Resten des römischen **Castellums** (III. Jahrhundert) bis zur beeindruckenden Seepräfektur vereint es die lokale Vergangenheit und die aktuelle Rolle der Stadt.

Die Kollektionen des **Schiffahrtsmuseums**, die in dem restaurierten Hauptturm untergebracht sind, welcher im XIV. bis XVIII Jahrhundert vergrößert wurde, bringen uns auf wunderbare Art und Weise die Holzschiffe, die Manöver mit den Segeln, die Entdeckung ferner Länder vor Augen. Die heutige Marine ist über die fünfzehntausend Hektar der Reede verstreut. An der Südküste liegt die Marineschule und die **Ile Longue** ist ein Schutz für die Unterseeboote der Seestreitkräfte.

Gegenüber dieser riesigen Basis erscheinen die Aktivitäten des Handelshafens und die Reparatur der Schiffe, die von der Krise betroffen wurden, mehr als bescheiden. Jetzt besteht die Hoffnung auf die moderne Technologie, die unter anderem auch um den Wettbewerb auf hoher See geht, um die Erforschung des Ozeans. Ob zivil oder militärisch, die Zukunft von Brest kann nur im Meer liegen.

Brest, das Marinemuseum in dem Wehrturm des Schlosses.

Nächste Seite, die Westseite des Calvaire von Plougastel (1602-04).

PLOUGASTEL

Lange Zeit isoliert, ist die Halbinsel Plougastel mit ihrem Bergrücken aus Quarzit, ihren geschützten Tälern, den Rias und Häfen, einer der bezauberndsten Orte an der Spitze der Bretagne. Dieser Ort war berühmt für seine Erdbeeren. Jetzt haben Gemüse und Blumen, reiche Kulturen in Gewächshäusern sie ersetzt.

Plougastel, der Calvaire: oben die Hölle, ein abschreckendes Bild, das die Gläubigen von den Wegen des Teufels fernhalten sollte, oben Jesus und die Schriftgelehrten, unten Christus vor Pilatus.

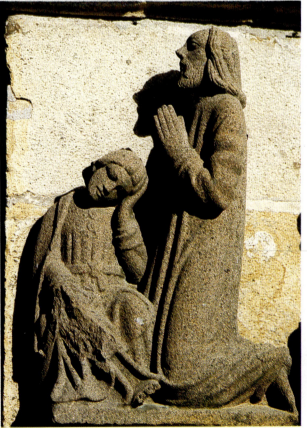

Man muß auf Entdeckung der herrlichen Aussichtspunkte auf die Stadt Brest und den Hafen von der Reede oder von den Gebirgskämmen aus gehen, man muß die Weiler durchqueren, und die Brunnen und Kapellen suchen. Ein fesselndes Gut, der monumentale **Calvaire**, wie ein Stern im Zentrum des Fleckens erbaut, ist ein Juwel. Er wurde als Exvoto dort erbaut, wo 1598 des Wüten der Pest innehielt. 1604 wurde er vollendet, 1870 restauriert, und 1950 wurde er neu aufgebaut, das letzte Datum der großen bretonischen Beinhäuser, erhaben die Zeit herausfordernd, unterrichten seine hundertfünfzig Gestalten aus Stein, verhalten, die Geschichte Christi. Sie sind sich noch der Rolle bewußt, die sie bei den Predigten in der Basse-Bretagne innehatten.

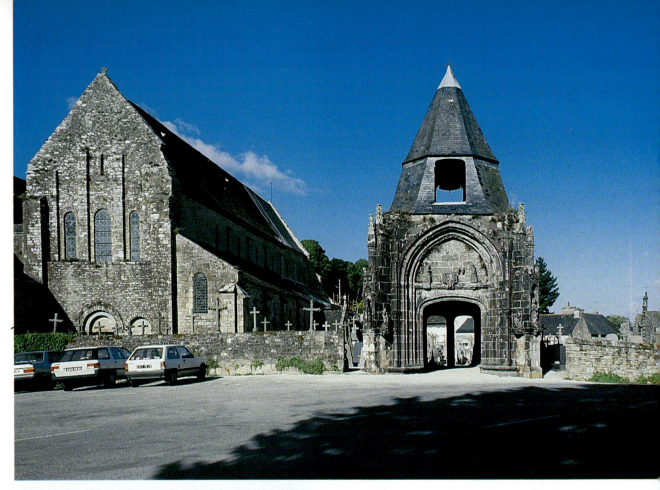

Oben das Enclos Paroissial von Daoulas: von links nach rechts, die romanische Kirche, die alte 1876 verlegte Portalvorhalle und die Sankt-Anna-Kapelle. Links das Friedhofskreuz aus Gestein von Kersanton (1590).

DAOULAS

Abseits des Straßenverkehrs ist Daoulas ein ruhiges Dorf. Man entdeckt auf einer Höhe die Reste einer reichen romanischen Abtei, deren Kirche, heute Pfarrkirche, im XIX. Jahrhundert gründlich umgebaut worden ist. Man baute damals die Reste des Klosters wieder auf und gab dadurch den eleganten Kapitellen und einer außerordentlich schönen Steinwanne ihren Wert zurück. Man versetzte auch die imposante Vorhalle aus dem XVI. Jahrhundert, eine gelungene Mischung aus Flamboyant— und Renaissance-Stil. Früher mit der unteren Südseite verbunden, dient sie jetzt als Glockenturm und Eingang zum Friedhof.

Ein Beinhaus (1589), das 1876 hinter die Kirche gelegt wurde, ein Kreuz aus Kersanton und die anmutige Kapelle Sainte-Anne (XVII. Jahrhundert) vervollständigen das Bild, das Zeuge der über acht Jahrhunderte sich erstreckenden Beziehungen zwischen Bretonen und dem Allerheiligsten ist. In diesem Sinne sollte man auch die Kirche **Rumengol** besichtigen mit ihren barocken Altaraufsätzen. Eine prunkvolle Einheit zwischen volkstümlicher Mystik und kunstvoller Ausführung.

Oben die Mündung des Aulne und die Hänge des Menez-Hom; rechts der Markt auf dem Hof vor der Kirche von Crozon.

VALLEE DE L'AULNE

Die Aulne, Hauptfluß der Finistère mündet nach einer tiefen Ria in die Reede von Brest. Die abwechslungsreichen Landschaften weiter Flußschlingen Richtung **Térénez** oder **Trégarvan**, oder der schroffen Ufer, die man vom Aussichtspunkt **Rosnoën** aus entdeckt, sind wenig bekannt. Man kann im Süden die kahlen Kuppen von **Ménez-Hom** unterscheiden, niedrige Hügel, die ersten Hindernisse, die der vom Ozean kommende Wind antrifft.

Ein Felsvorbau versperrt die Mündung, und bringt in seinem Schutz ein Mikroklima hervor. Hier liegt **Landévennec**. Mehr als ein kleines Dorf am sandigen Uferstreifen ist dies eine Hochburg der bretonischen Geschichte, vor allem was das Christentum im Westen anbelangt. Ende des V. Jahrhunderts gründet hier Gwénolé die älteste Abtei der Bretagne. Im XVIII. Jahrhundert wurde sie verlassen, während der Revolution zerstört und von den Benediktinern (1953-58) am Hang wieder aufgebaut, von wo aus sie das ausgedehnte Feld römischer Ruinen beherrscht.

Oben der Strand von Véryac'h und die Pointe de la Tavelle, in der Bucht von Penhir, links die Pointe de Dinan, auch ''Château'' (Schloß) genannt.

Nächste Seite, das ''Château'' von Dinan Detail der Westspitze.

PRESQU'ILE DE CROZON

Westlich der Aulne dehnt sich die Halbinsel Crozon; ein riesiges Kreuz aus Sandstein und Schiefer, eine lange Aufeinanderfolge von Bergkämmen und Tälern, ein reiches Museum der Naturwissenschaften, strukturelle Formen, Fossilen aus Urzeiten, durch das Meer verursachte Erosion, Küstenablagerungen, Vögel aller Art. Im Süden schließt das **Kap de la Chèvre** die Bucht von Douarnenez halb ab, im Norden verengt die **Pointe des Espagnols** den Zugang zur Reede von Brest auf einen schmalen Engpaß. Man erkennt auch den strategischen Wert, der sich seit prähistorischer Zeit bis zur Verteidigung mit Atomwaffen immer wieder erneuert hat.

Dies Land, das früher von der Landwirtschaft lebte, ist heute verlassen. Heide und Brachland, wo früher Felder waren, die Dörfer leben nur noch vom sommerlichen Tourismus. Der berühmte Badeort **Morgat**, die ausgedehnten Strände, die Bootsanlegestellen, Segelboote und Surf geben diesen vielfältigen und strengen Orten neues Leben. Hier hat man mehr als anderswo das Gefühl, am Ende der Welt angekommen zu sein, Unbekanntes vor sich zu haben.

Oben die Pointe de Penhir und das Denkmal der gefallenen Bretonen im letzten Weltkrieg (1951); links die Steilküste von Penhir (60 m).

Nächste Seite der Strand von Penhat und die Pointe du Toulinguet, wo das Semaphor die Einfahrt nach Brest bewacht.

CAMARET

Ganz im Westen ist Camaret ein Juwel von Halbinsel, ihre Bucht war sicher lange Zeit der Vorposten von Brest. Ein Geröllstrand isoliert den Hafen. Eine Kapelle (1527) und ein von Vauban gebauter Turm unterstreichen den pittoresken Eindruck. Seit eineinhalb Jahrhunderten zieht er die Maler an. Leider ist der Reichtum, den die Langustenfischerei brachte, dahin, und der wirtschaftliche Abstieg liegt offen vor Augen.
Der Wassermangel, die Einsamkeit der Heidelandschaft und der Strände, die Grandiosität der ausgefransten Küste machen aus diesem Kap einen Ort, wo die Zeit stillgestanden ist, eine Zuflucht, die auf Künstler und Schriftsteller ihren Zauber ausübt. Man beachte, daß alle Stätten der Halbinsel Crozon von den abgerundeten Massen von **Menez-Hom** bis zu den schroffen Klippen von **Penhir** aus dem selben harten Gestein bestehen, dem armorikanischen Sandstein. Die Neigung der Schichten, manchmal horizontal, manchmal senkrecht, bedingt die Formen und bringt unendliche spektakuläre Effekte hervor, wilde und verschlossene Landschaften. Das militärische Interesse hat sie lange Zeit vor häßlichen Konstruktionen und touristischen Aufteilungen bewahrt, und ihr das fesselnde Aussehen einer aus der Genesis kaum entstandenen Welt verliehen.

SAINTE ANNE-LA-PALUD

Im Mittelalter gehörten zum Bistum von Quimper die Hälfte des südlichen Finistère, ein Teil von Morbihan und der Nordküste. Die Legende von der Stadt Ys, die in der Bucht von Douarnenez verschlungen worden ist, ist Zeuge des mythischen Ursprungs der Cornouaille. Dank des Eingriffs eines Heiligen konnte der König Gradlon den durch den Fehler seiner Tochter Dahub entfesselten Fluten entrinnen. Dies ist auf der Spitze des Giebels der Kathedrale von Quimper dargestellt. Am Rande dieser Bucht kann man am letzten Augustsonntag in Sainte-Anne-La-Palud dem wichtigsten **Kirchenfest** der Cornouaille beiwohnen, zu dem unzählige Pilger herbeiströmen. Jeder Pfarrbezirk ist durch eine sonntäglich gekleidete Gruppe vertreten, und durch die symbolischen Gegenstände, die sie jeweils identifizieren, schwere Silberkreuze, die die bretonischen Silberschmiede im XVI. und XVII. Jahrhundert hergestellt haben, kleine Statuen, die auf Tragbahren gebracht werden, als wäre die Heilige Jungfrau eines Pfarrbezirks ihre Mutter in einem anderen besuchen gekommen; dann prachtvolle Banner, mit reichen Stickereien und Bordüren, mit Inschriften in bretonischer Sprache. Die Wallfahrt gibt auch die Gelegenheit, die traditionellen Kostüme zur Schau zu stellen, die mit Borten mit Blumen— und geometrischen Motiven verziert sind, eine Charakteristik der Volkskunst der Bretagne. Große Unterschiede weisen auch die Spitzenhauben auf und die plissierten, durchbrochenen Halskrausen. Diese für jedes Dorf charakteristischen Kostüme sind im XIX. Jahrhundert entstanden, bekannt ist die einem Zuckerhut ähnliche Haube, die immer höher wurde.

Zwei Ansichten der Pardon-Prozession in Sainte-Anne-la-Palud.

Nächste Seite Hauben, Kostüme und kollektive Andacht bei der Prozession.

Oben Penity-Kirche und -Kapelle am Platz von Locronan, links die Gruppe der Beweinung Christi in der Kirche (um 1550).

Nächste Seite, oben, ein Handwerker von heute, der die Tradition der "Portraitierer", der Maler oder Bildhauer der Vergangenheit weiterführt. Unten der schöne Platz von Locronan, mit seinen Granithäusern und seinem alten Brunnen.

LOCRONAN

Eine identische Veranstaltung, aber noch mehr in der religiösen Geschichte und dem vorchristlichen Nährboden verwurzelt, ist die **Troménie** von Locronan. In dieser kleinen Stadt wird der Heilige Ronan verehrt, ein Eremit und Bischof, der aus Irland kam, und der im X. Jahrhundert gelebt haben muß. Zu dem volkstümlichen Kult für das Kenotaph des Heiligen, das im Pénity aufbewahrt ist, kam im XV. Jh. das Interesse der Herzöge hinzu, die beim Bau der gotischen Kirche, welche von der Kathedrale von Quimper stark beeinflußt ist, ihren Beitrag leisteten. Der Innenraum wurde durch ein schönes Objekt lokaler Anfertigung angereichert, die Gruppe der **Grablegung Christi**, aus farbigem Stein, die Ausführung ist sehr kunstvoll in den Ornamenten und etwas unbeholfen in der Komposition. Er steht auf den Resten eines Altars aus Kersanton aus dem Anfang des XVI. Jahrhunderts. Was aber vom Ende des Mittelalters ab den Ruf von Locronan ausmachte, ist die Leinenindustrie, und die schönen Häuser aus dem XVII. und XVIII. Jahrhundert sind noch Zeugen davon. Weber und Kaufleute bauten sie und sorgten auch für den Überseehandel der Stoffe, welche auch auf dem umliegenden Land erzeugt wurden.

Nächste Seite der Leuchtturm de la Vieille, an der äußersten Spitze des Kontinents, der mitten in den wilden Strömungen des Raz de Sein die Wache hält.

Auf den Klippen der Pointe du Van die Kapelle Saint-They und in der Ferne die Bucht der Trépassés (Verstorbenen).

LE CAP SIZUN

Die **Pointe du Raz** und ihre großartige Atmosphäre rufen das Gefühl hervor, daß man hier am Ende der Welt ist, an der westlichsten Grenze des europäischen Kontinents. Alles trägt dazu bei den Besucher, der die Nordküste des Cap Sizun entlangfährt, zu beeindrucken, das Naturschutzgebiet für Seevögel, die ausgefransten Felsklippen an der **Pointe du Van** und die Einsamkeit der **Kapelle Saint They** aus dem XVII. Jahrhundert, deren in der Sonne gebleichtes Dach dem Ozean gegenüberliegt, schon allein der Name **Baie des Trépassés** (Bucht der Abgeschiedenen). Hier liegen Reste von Schiffsbrüchen, der romantische Ort du Raz ist verlängert, wie durch Hängebrücken, bis zum Leuchtturm de la Vieille, zur **Insel de Sein**, am Ende eines Wegs voll Riffe der Leuchtturm **d'Ar Men**, der 1881 beendet wurde. Diese ganze Gegend der Cornouaille besteht aus einer erstaunlichen Aufeinanderfolge ganz verschiedenartiger und bezaubernder Meerlandschaften. Im Hinterland sind die Dörfer aus großen Granitsteinen gebaut, zwischem dem XVII. und dem XIX. Jahrhundert errichtet, sind sie von großer architektonischer Qualität. Die Südseite des Cap Sizun ist weniger streng. Hier liegt geschützt die kleine Stadt **Pont-Croix**, in malerischer Lage an einem Flußufer. Mitten zwischen den alten Häusern, vor allem aus dem XVII. Jahrhundert, befindet sich die Kirche **Notre-Dame de Roscudon**, deren Schiff aus dem XIII. Jahrhundert einen englischen Einfluß aufweist. Sie stand für viele religiöse Gebäude der Cornouaille Modell. Nahe dem aktiven Hafen von Audierne finden wir die **Kapelle Saint Tugen** en Primelin, ein wunderschönes gotisches Gebäude aus dem XVI. Jh., in dem eine wertvolle Einrichtung erhalten ist, unter anderem die Malereien auf Holztafeln aus dem XVII. Jahrhundert. Etwas südlicher die **Kapelle de Tronoën** wurde im XV. Jahrhundert erbaut. Der Kalvarienberg hat einen breiten Sockel mit Basreliefs, einer der ersten dieser Art in der Bretagne. Die Verwitterung des Granits durch die Seeluft und die einsame Lage inmitten der nackten Dünen verleihen ihm einen besonderen Zauber.

Oben Semaphor und Leuchtturm von Eckmühl auf der Halbinsel Penmarch; links Kapelle und Calvaire von Tronoën.

LA PRESQU'ILE DE PENMARCH

Im Gegensatz dazu ist die Halbinsel Penmarch ein niedriges und plattes Gebiet, und wie im Museum zu sehen ist schon seit Prähistorischen Zeiten bewohnt. Diese Ansammlung von Dörfern spielte im XV. und XVI. Jahrhundert für die bretonische Wirtschaft eine bedeutende Rolle. Einmal wurde hier die Fischerei intensiv betrieben und Fische getrocknet, aber vor allem blühte hier der internationale Umschlag. Die Schiffskapitäne verteilten die Waren auf die ganze Atlantikküste, von Portugal bis zu den englischen Häfen und an der Mündung der Schelde bezeugt die **Kirche Saint-Nonna** diese Aktivität durch die Darstellung von Karavellen und Fischen, die Anfang des XVI. Jahrhunderts auf den Portalvorbauten skulptiert wurden. Der **Leuchtturm Eckmühl**, der 1847 beendet wurde, ist einer der mächtigsten der französischen Küste.

DAS TAL DER ODET

Zwischen Quimper und dem Hafen von Bénaudet liegt das 16 km lange Tal der Odet, wie eine Schlange windet es sich hin und her und wird Vire-Court genannt. Eine Reihe wunderschöner Orte liegen hier, so daß ein Besuch mit dem Boot lohnend wäre. An den Ufern liegen verstreut Schlösser in großen Parks, manchmal an sanften Hängen, dann steil über dem Ufer, die Vegetation ist durch das milde Klima begünstigt, Rhododendron, Palmen, Magnolien, und die Aussicht ist oft einmalig. **Das Schloß Kerembleiz** wurde im XIX. Jahrhundert im neugotischen, etwas strengen Stil wieder erbaut, und hat große Wirtschaftsgebäude nach englischer Art. Wo heute das **Schloß du Pérennou** steht, befand sich eine römische Villa mit Badeanstalt, dann ein mittelalterlicher Landsitz, der im XIV. Jahrhundert von einem Krieger und Dichter bewohnt war, der in Italien gekämpft hatte. Der Zufall wollte es, daß dieser Wohnsitz immer von Gelehrten oder Schriftstellern auserwählt wurde. Im XIX. Jahrhundert wurde der Landsitz neu gebaut und man ahmte phantasievoll die feudale Architektur und die der Renaissance nach. Zu der Zeit wurde auch der Park in einen romantischen Garten umgewandelt, üppig und voll exotischer Gewächse.

In der Nähe von Quimper wird das **Schloß de Lanniron**, ehemaliger Landsitz aus dem XV. Jahrhundert, zur Residenz des Bischofs. An dieser Uferseite liegen noch zwei ländliche Kapellen. **Notre Dame du Vrai Secours** aus dem XVII Jh., und die für die Cornouaille typische **Saint-Cadou** aus dem XV. Jh., mit Gebetsstätten, von alten Bäumen umgebene Terrassen, mit dem gesegneten Brunnen, von wo aus man zu einer stillen Flußbiegung hinuntersteigen kann. Weiter entfernt, in Gouesnach das kleine **Schloß Lanhuron**, das im XVIII. Jh. ein Ratgeber des Königs erbaut hatte. es erinnert an die Landsitze bei Saint-Malo. Diese ganze Landschaft, die von gewundenen und schattigen Wegen durchzogen ist, ist besonders geeignet für diejenigen, die Ruhe und Erholung suchen.

An den Ufern des Odet Schloß Kerembleiz und Pérennou.

Quimper vom Mont Frugy aus gesehen.

Nächste Seite oben die mittelalterlichen Befestigungsmauern, längs der Odet und der bischöfliche Garten; unten Glasmalerei in der Kathedrale, auf der der Bischof dargestellt ist, wie er der Jungfrau und dem Heiligen Corentin das Modell der 1854 erbauten Kirchturmspitzen übergibt.

QUIMPER

Quimper ist eine alte gallische, dann gallisch-römische Stadt, und sie wurde von König Gradlon dem Bischof Saint Corentin geschenkt. Im Mittelalter wird es zum Sitz des Bischofs und Grafen von Cornouaille, und entwickelt sich zu einem reichen, von Mauern umgebenen städtischen Zentrum. Am Ende der Mündung der Odet liegt sie in einer sanften Senkung, von der sich die **Kathedrale** abhebt. Diese wurde nach dem Modell der Kathedralen der Ile-de-France erbaut, es kommen aber anglonormannische Einzelheiten hinzu, so daß ein majestätisches und originelles Gebäude entsteht, die größte gotische Verwirklichung in der Bretagne. Begonnen im XIII. Jahrhundert, blieb es eine große Baustelle, bis gegen 1500, und endgültig vollendet wurde es erst im XIX. Jh. mit dem Bau der Turmspitzen, die sich aber auf erstaunliche Art dem ganzen Gebäude anpassen. Den Einfluß, den dieser Bau ausübte, dessen Türme mit den hohen Fenstern charakteristisch ist, kann man in zahlreichen Gebäuden der Cornouaille beobachten. Das Südportal ist ein beachtenswertes Beispiel der Skulptur aus der Zeit der Herzöge des XV. Jahrhunderts. Das große Schiff, das mit Glasfenstern aus dem XV. und XVI. Jahrhundert verziert ist, ist gegenüber dem Chor in seiner Achse verschoben, das kommt durch die Bodengestaltung und die Lage im Stadtgefüge. Auch vor der Kathedrale liegen im dichten Netz der abfallenden Straßen und Gäßchen zahlreiche alte Häuser. In der **rue du Guéodet** hat eine Fassade vom Ende des XVI. Jahrhunderts skulptierte Konsolen mit grimassenartigen Köpfen, die legendäre Dirnen der Zeit darstellen sollen. In der **rue du Sallé** steht eines der schönsten Häuser, aber vor allem in der **rue Kéréon**, was in bretonischer Sprache Schuhmacher bedeutet, bekommt man eine Idee von einer mittelalterlichen Straße, mit auskragenden Häusern, eines mit

einem vollkommen mit Schiefer getäfelten Giebel, um das Fachwerk vor der Verwitterung zu schützen. An der Straßenecke der **rue Boucheries** wacht eine Jungfrau von 1552 über das kommerzielle Leben, das in der vom Bischof eingeschlossenen Stadt herrschte. Auf der anderen Seite liegt der Place de la **Terre-au-Duc**, der von alten Häusern umgeben ist. Dieser Teil unterlag der Rechtsprechung des Herzogs, und war eine Ausdehnung des alten Kerns bis zum Vorort. Im XII. Jahrhundert waren die Fassaden aus Granit streng und monumental, wie das **Collège des Jesuites**, heute ein Lyzeum, vor allem vom XVIII. Jh. ab fingen die Kaufleute und die Notabeln an, sich schöne Häuser aus Granit bauen zu lassen, die Bauart die auch in der Folge beibehalten wurde. Im XIX. Jahrhundert begann man, die Flußufer zu bebauen, und so wuchs die Stadt längs des Bergs Frugy mit dem Vorort **Locmaria** zusammen, wo eine schöne romanische Kirche aus dem XII. Jahrhundert steht, deren Priorat aus dem XVII. Jahrhundert am Ufer der Odet liegt. Was an architektonischen Strukturen im XIX. Jh. gebaut wurde, wie die neugotische **Präfekur**, das kleine **Theater** oder schöne Bürgerhäuser, sowie die Gebäude des XX. Jh., haben auf die allgemeine Bauweise Rücksicht genommen, so daß der Charme der Stadt nicht verlorengegangen ist. Außer der traditionellen Wirtschaft, die wegen der Lebensmittel- und Konservenindustrie, und den Waffeln berühmt ist, bewahrt Quimper seinen arbeitsamen Charakter auch bei den technologischen Entwicklungen zeitgenössischer Unternehmen.

Das **Musée départemental breton** ist im alten Bischofspalast, der zwischen dem XVI. und dem XVIII. Jh. gebaut wurde, untergebracht, neben der Kathedrale. Es enthält historische, archäologische und ethnographische Sammlungen. Durch die erhaltenen Möbel und Kostüme versteht man eindeutig die Art volkstümlicher Kunst. Einige Werke, wie z.B. die Gruppe der **Sainte Anne trinitaire** vom Anfang des XIV. Jahrhunderts sind gut gelungen in der Ausführung und Komposition, vom nationalen Stil geprägt. Neben diesen Werken gibt es auch weniger gelungene, wie die **Vierge de Pitié** aus dem XVI. Jh., aber in ihrer Unbeholfenheit ist sie von großer Ausdruckskraft. Oft sind die Werke durch Polychromie hervorgehoben. Dasselbe gilt auch für die Möbel mit geometrischen Motiven und sogar für die Kostüme. Das **Musée des Beaux-Arts**, auf der anderen Seite der Kathedrale, ist eines der reichsten der Bretagne. es besitzt eine herrliche und reichhaltige Sammlung flämischer und holländischer Maler des XVI. und XVII. Jahrhunderts. Aber auch die Bretagne selbst wurde in den Bildern der Maler des XIX. Jahrhunderts gefeiert, zahlreiche aber zum Teil noch unbekannte Künstler. Dank der Erinnerung der **Ecole de Pont-Aven** und der **Peintres Nabis** ist in einem Saal des Dichters von Quimper, Max Jacobs, gedacht.

Zwei Werke, die im bretonischen Museum aufbewahrt sind, oben die Heilige Anna, die Jungfrau Maria und das Jesuskind, unten eine Pietà.

Museum der Schönen Künste, oben Kreuzabnahme *von Pieter Van Mol (XVII. Jahrhundert), das aus einem Kloster von Saint-Pol-de-Léon stammt; rechts* Bretonische Studien *von Emile Bernard, einer der Gründer der Schule von Pont-Aven im Jahr 1886.*

Handgemalte Dekore in der Fayencemanufaktur
H. B. Henriot in Locmaria.

In dem Viertel **Locmaria** bestand die Töpferei schon seit der Antike, und ab 1700 ungefähr wurde die Kunst der Fayencen entwickelt, und man schuf Modelle, die die von Rouen nachahmten. In der Folge entwickelt die Kunst der Keramik ihre ganze Kreativität, und sie wird dank der bretonischen Dekorateure äußerst vielgestaltig, kleine Statuen, vor allem der Heiligen Jungfrau, Teller im Geschmack des XVIII. Jahrhunderts, Gegenstände die mit vielen Ornamenten verziert sind, zu denen folkloristische Elemente hinzukommen, dann ab der 30er Jahre volkstümliche Szenen, einfach dargestellte Gruppen oder Personen, wie Zeichnungen, die die ursprüngliche Lebhaftigkeit ausdrücken, mit reinen Farben, durch geometrischen Dekor unterstrichen.

In dem Museum in Locmaria ist es erstaunlich festzustellen, wie die Fayencen von Quimper in jüngst vergangener Zeit einem Stil entsprechen, der als bretonisch bezeichnet werden kann, und daß Werke von hohem dekorativen Niveau entstanden sind.

In der Umgebung von Quimper gibt es schöne Kapellen: **Kerfeunten** mit einem Glasfenster von Anfang des XVI. Jahrhunderts, **Kerdevot** im Ergué-Gabéric, ein Gebäude des XV. Jahrhunderts auf dem Lande.

Verschiedene, typisch bretonische Motive der Fayencemanufakturen von Quimper.

QUILINEN

In der Umgebung von Quimper hat die Kapelle von Quilinen einen originellen **Calvaire** aus dem XVI. Jahrhundert. Im Gegensatz zu den großen rechteckigen Kompositionen, die Reliefs tragen, wie in Tronoën, besteht dieser Calvaire aus zwei sich überschneidenden Dreiecken, von denen aus die Personen sich übereinander nach oben bewegen, zu dem gekreuzigten Christus hin, auf der Rückseite die Auferstehung.

CAST

In der Kirche von Cast stellt eine skulptierte Gruppe die Begegnung zwischen dem Heiligen Hubertus und dem göttlichen Hirschen dar. Sie wurde um 1540 ausgeführt, in schwarzem Stein, den man in der Reede von Brest vorfindet, den Kersanton, und der eine äußerst feine Plastizität verleiht. Diese Szene ist einmalig in der Bretagne, und beeindruckt durch die intensive Ausdruckskraft. Diese beiden Werke, in Quilinen und in Cast, geben ein Zeugnis vom bretonischen künstlerischen Niveau ab, das eine versteht mit außergewöhnlichem Sinn für die architektonische Komposition die Form des einzelstehenden Kalvarienbergs neu zu gestalten, und in gewisser Art die spirituelle Funktion dieser kleinen Denkmäler darzustellen, das andere lehrt uns, wie man mit einer äußerst schwierigen Materie ein Meisterwerk der Bildhauertechnik und —kunst hervorbringen kann.

Nächste Seite oben, zeitgenössische Konstruktion für die Markthallen Saint-François, unten Häuser aus dem XVIII. Jhdt. vor der Kathedrale.

Rechts, Calvaire von Notre-Dame in Quilinen, unten Hubertusjagd in Cast.

Nächste Seite zwei Ansichten von Bénodet an der Flußmündung des Odet, eine Küste "noch milder als der Klang ihres Namens" (G. Apollinaire).

Concarneau, der Hafen und die befestigte Stadt (ville close).

BÉNODET

"L'Odet ist der blauste und der klarste Fluß" sang Guillaume Apollinaire im **Guetteur mélancolique**.
Das milde und sonnige Klima, die Wälder und Täler, die durch die Maler berühmt geworden sind, ein Wasserspiegel, den der Archipel von Glénan säumt, schon einer dieser Gründe würde genügen, um den touristischen Aufschwung dieses Teils der Cornouaille zu erklären. L'Odet, "der schönste Fluß Frankreichs", im Land "des besten Apfelweins der Welt", in der "Heimat der schönen Frauen" (Flaubert), was will man mehr?
Die älteren Badeorte **Bénodet**, **Beg-meil**, und die aus jüngerer Zeit **Forêt-Fouesnant** oder **Port-la-Forêt** zeichnen die Tappen der Inbesitznahme eines zerbrechlichen und deshalb bedrohten Küstenstreifens ab.
Das früh entstandene nautische Zentrum von Glénan mit seinen zahlreichen Anlegestellen machen heute aus dieser Gegend eines der hauptsächlichen Segelzentren der ganzen französischen Küste.

CONCARNEAU

Die Stadt Concarneau ist an einer Bucht entstanden, wo eine kleine Insel ihr Schutz und Sicherheit gibt, und sie wurde bald zu einer Festung, die im ausgehenden Mittelalter ein Streitobjekt während des englisch-französischen Konflikts war. In der zweiten Hälfte des XVI. Jahrhunderts wurde sie wieder aufgebaut, und der **Mauerring** ein Jahrhundert später "à la Vauban" abgeändert. Zu der Zeit (1670-1810), als die Bretagne sich gegen England mit Befestigungsanlagen überall schützte, errichtete die befestigte Stadt Plattformen für die Artillerie und Türme, die die Durchfahrt zum Schiffshafen überwachten.
Aber schon vom Ende des Mittelalters ab haben die Bewohner der **Ville close** (eine einzige lange Straße) sich außerhalb der Mauern ansiedeln müssen, in den gefährlicheren Vororten, die aber später als freundlicher angesehen wurden, denn die Fischerei wird mehr als der Krieg zur hauptsächlichen Aktivität der Stadt. Heute ist die Ville close ein touristisches Zentrum, aber sie bietet ihren Besuchern die beiden Symbole ihrer Vergangen-

Oben der Eingang zur Ville close, links die Fischauktion.

Nächste Seite Fischereiflotte in Concarneau, der drittgrößte französische Hafen für frischen Fisch.

heit dar, die restaurierten Befestigungsmauern und das Fischereimuseum.
Die Fischerei, eine Jahrhunderte alte Tätigkeit, die immer wieder ihr Gesicht wechselt. In den vergangenen Jahrhunderten waren das Hauptgeschäft der Stadt die Sardinen. Im XX. Jahrhundert verabschiedete man sich von den "filets bleus". Concarneau wurde daraufhin als Thunfischhafen bekannt. Mehr als 160 Schiffe für den Thunfischfang waren 1939 im Dienst.
An erster Stelle für den Thunfisch in Europa hat Concarneau seinen Horizont ausgedehnt und fischt in den tropischen Gewässern des Golfs von Guinea und des indischen Ozeans, den seine Schiffe kaum mehr verlassen. Die Besatzung wird jedes Mal für eineinhalb Monate dorthin geflogen. Die Fische werden an Ort und Stelle verarbeitet und als fertiges Produkt nach Concarneau transportiert. Mehr als der tropische Thunfischfang beleben die Küsten— und die Hochseefischerei den Hafen. Heutzutage ist Concarneau der dritte französische Hafen, was frischen Fisch anbelangt, und wenn man den tiefgefrorenen Fisch der Tropen dazurechnet, der erste Hafen Frankreichs, sowohl bezüglich der Tonnage, als auch des umgeschlagenen Werts.

Nächste Seite die Verschiedenartigkeit bretonischer Kostüme, allein in der Cornouaille gibt es ungefähr fünfzehn verschiedene Hauben und Stickereien.

Oben das volkstümliche Fest der ''filets bleus'' (Sardinen) in Concarneau (zweitletzter Sonntag im August); rechts die Giz-Fouenn'' oder Mode von Fouesnant-Rosporden.

La fête des filets bleus

Das Fest der blauen Filets war Anfang des Jahrhunderts entstanden, und es sollte den bedürftigen Familien zu Hilfe kommen, die die Krise der Sardinen besonders betroffen hatte.
Heute hat es eine andere Bedeutung, es ist das Schaufenster der bretonischen Trachten der Cornouaille, bekannt als ''Giz-Fouenn'', die Kleidermode von Fouesnant-Rosporden, berühmt wegen seiner Haube mit Bändern und der gestärkten Halskrause. Auch die anderen Moden der Cornouaille sind vertreten, wie die der Mitra ähnliche Haube und die Pfauenfedern-Stickereien von ''Bigoudens''.
Auf Grund der Verschiedenartigkeit ihrer Moden, zeigt schon allein die Cornouaille die Geschichte — die aber nicht allzu weit zurückliegt — der bretonischen Kostüme. Sie entstanden Ende des XVIII. Jahrhunderts, und erfuhren im XIX. Jh. eine geographische und soziale Aufteilung, so stiegen z.B. die Mitrenhauben von Bigouden bis zu 30 cm an. Der Besucher wird aber eines im Auge behalten, daß nämlich die Bretagne nicht nur aus der bretonischen Tracht besteht.

Pont-Aven, die Promenade Xavier Grall an der Küste von Aven.

Nächste Seite die zeitgenössische Ausstellung im Museum von Pont-Aven, unten die Kapelle von Trémalo und die Statue, die Gaugin zum ''Christ jaune'' inspirierte.

PONT-AVEN

Im XIX. Jahrhundert war die Bretagne bei vielen Künstlern sehr beliebt. Sie waren vom Charme des kleinen Dorfs Pont-Aven am Hügel angezogen, das der Aven durchfließt, dessen muntere Wasser über die Granitfelsen sprudeln, der sich in den Mühlenrädern verfängt, und der seinen Lauf im Meer beendet, wo die Gezeiten und das Leben in dem kleinen Hafen dauernd für Bewegung sorgen.

Auf der Suche nach neuen Themen entdeckten sie eine Natur mit unendlichen Farbvariationen, die Milde des Klimas lud zur Arbeit im Freien ein. In den Gasthöfen fanden sie eine warmherzige und billige Aufnahme. Jullia Guilloux und Jeanne Gloanec eröffneten die ersten Pensionen, und indem sie Kredite akzeptierten, gaben sie ein Beispiel ab. Ganz vom Traum der ''Ferne'' erfüllt, und vom Stadtleben gereizt, suchte Paul Gauguin die Einsamkeit, die Wilde, das Primitive. Das Bedürfnis, Paris zu entfliehen, der Geldmangel trieben ihn 1886 nach Pont-Aven, wo er sich in dem Gasthof Gloanec niederließ und isoliert und ohne Freunde lebte. Gauguin kehrte 1888 zurück. Sein zweites Zusammentreffen mit dem Maler Emile Bernard war dies Mal ausschlaggebend. Die Gegenüberstellung dieser beiden Wesen, die beide nach demselben künstlerischen Ideal suchten, wurde zu einem katalysierenden Element.

Es entstand eine revolutionäre plastische Konzeption, der malerische Synthetismus. Bald kam eine Gruppe von Malern hinzu: **Sérusier, Moret, Filiger, Slewinski, Maufra** usw., um die von Gauguin und Bernard ausgearbeiteten Theorien auszuprobieren, und dies wurde von der Kunstgeschichte ''L'Ecole de Pont-Aven'' genannt, ohne daß jedoch diese Gruppe jemals geleitet worden wäre, wie es sonst bei einer Schule mit Lehrern und Schülern der Fall ist.

Bevor Gauguin sich 1895 endgültig nach Tahiti einschifft, wo er 1903 stirbt, kommt er 1889 und 1894 nochmals nach Pont-Aven.

Oben die Westfassade von Saint Fiacre du Faouët; links der Lettner (1480) und die Statue des Herzogs Jean V. im Gebet.

SAINT-FIACRE DU FAOUET

Saint-Fiacre du Faouët und Notre-Dame de Kernascléden, zwei Kapellen, die gleichzeitig entstanden sind, und die der Großzügigkeit des hohen Adels zu verdanken sind, der zum herzoglichen Umkreis von Jean V. Montfort gehörte, und deren Wappen im Gewölbe von Kernascléden und in der Apsis von Saint-Fiacre zu sehen sind.

Der Lettner von Saint-Fiacre trägt das Datum 1480. Es ist das Werk eines Künstlers aus Tréguier, Olivier Le Loergan, den der Herzog geadelt hatte, und es ist der älteste Holzlettner, der in der Bretagne erhalten ist. Er besteht aus Chorschranken, die von einer vorspringenden farbigen Empore überragt sind. Der Künstler verbindet die Personen der Kreuzigung mit allegorischen Szenen.

KERNASCLEDEN

Notre-Dame de Kernascléden wurde von den Visconten Rohan gespendet. Das Gebäude entstand in den Jahren 1430-1460. Die Werkstatt, die an der südlichen Portalvorhalle lag, hat auch an Saint-Fiacre gearbeitet, das den Namen der Boutteville, den Herrschaften des Orts, trägt.

Die unbekannten Künstler, die die 24 Szenen gemalt haben, haben eines der schönsten Werke der französischen Malerei des XV. Jahrhunderts verwirklicht. Der Kindheit Christi und der Leidensgeschichte, die in den Gewölben und den Tympanons dargestellt sind, stehen die dramatischen Szenen des Transepts gegenüber, der Totentanz und die Hölle. Bei dieser Vision des Hl. Paulus, an die auch Dante sich anlehnt, kommt die ganze Furcht des XV. Jahrunderts vor dem Tode zum Ausdruck.

Rechts Ansicht der Kapelle Notre-Dame von Kernascléden; unten Malereien im südlichen Querhaus des Transepts: die Verdammten, die von den Zweigen eines Baums durchbohrt sind, werden von Teufeln gebissen, welche sie mit Haken zerreißen.

Nächste Seite, Alignements Ménec und Kermario in Carnac, mehr als 2.000 aufgerichtete Felsblöcke.

Carnac, der Dolmen (Ganggrab) von Kermario.

CARNAC

Die Megalithkultur hat einer universellen Kultur angehört. Aber in der Bretagne und besonders in der Region von Carnac ist die größte Konzentration dieser großen Steine zu beobachten.
Aufgerichtet ordnen sich die Steine in Menhir-Alignements. Mehr als 3.000 Steine teilten diesen Raum zwischen Erdeven und La Trinité-sur-Mer (10 km) auf. Viele sind verschwunden, Opfer der Zeit und des Menschen. In Carnac vereint der **Grand Menec** 1099 Steine, die auf elf Reihen verteilt sind, an jeder Extremität eine eiförmige Einfriedung. In **Kermario** befinden sich 982 Menhire auf 12 Reihen. Und es gibt noch mehr, so daß Carnac das "Museum der Megalithkultur" ist.
Wenn wir den Ballast der phantasievollen Hypothesen über Bord werfen und den Fachleuten Gehör geben, dann sehen diese in dieser Konzentration die Reste eines großen neolithischen, religiösen Zentrums, wo sich in gewissen Momenten des Jahres (Sonnenwende) riesige Menschenmengen versammelten.
Die Gegend um Carnac ist auch die der Dolmen (Steinplatten), das Skelett anfänglich viel größerer Grabdenkmäler (**Kermario, Crucuno** in Plouharnel).
Es gibt aber auch riesige Grabhügel (**Saint-Michel, Le Moustoir**), künstliche Hügel von beinahe hundert Meter Länge und zehn Meter Höhe, die in ihre Steinmassen Grabgewölbe oder Steinkisten einbetten, mit Feuerstellen.
Der **Grabhügel von St. Michel** de Carnac ist mindestens 4.000 v. Chr. errichtet worden, und die letzten Dolmen gegen 2.000 v.Chr. Diese Megalithen sind das Werk neolithischer seßhafter Völkerstämme, die von der Landwirtschaft lebten, und für die die Kenntnis der Rhythmen der Jahreszeiten von grundlegender Bedeutung war. Ein Volk, das einen stark entwickelten Sinn für das Gruppenleben und das Jenseits hatte.

QUIBERON

Auf der Karte sieht die Halbinsel von Quiberon wie ein langer Finger aus, der auf die See hinausdeutet. Es ist eine alte Felseninsel, die mit dem Kontinent durch eine Sandzunge verbunden ist, welche bei der Landenge von Penthièvre nur wenige Meter breit ist. Der republikanische General Hoche hatte 1795 keine große Mühe, die Königstreuen, die in Carnac gelandet waren, dort einzusperren.
Heute ist der Tourismus überall gegenwärtig. Die zerklüftete Steilküste der **Côte Sauvage**, die Vielfalt der Seesportmöglichkeiten, die Mode der Thalassotherapie machen aus der Halbinsel Quiberon mit Carnac, und La Trinité-sur-Mer Hochburgen des Tourismus der südlichen Bretagne.

Links, der weite Strand von Quiberon, unten Port-Maria, früher einer der bedeutendsten Häfen der Sardinenfischerei.

BELLE-ILE

Als Claude Monet 1886 die "aiguilles de port-Coton" malte, sah er in der Belle-Ile ein "pays terrible, sinistre, mais très beau". Aber auch andere berühmte Namen, wie z.B.
Sarah Bernhardt haben zum Ruf dieser größten bretonischen Insel beigetragen. Sie war aber in der Geschichte zuerst ein Ort der Zuflucht, weit entfernt vom Kontinent. Dann wurde es eine begehrenswerte Beute, zuerst fiel sie in den Besitz der Spanier (XVI. Jh.), dann der Engländer (1761-63), dann der Deutschen. Eine begehrenswerte und infolgedessen gut verteidigte Insel, und Namen wie Gondi, Fouquet, Vauban und Nachfolger sind untrennbar von diesem befestigten Ort, eines der schönsten Beispiele militärischer Architektur.

Rechts die Grotte de l'Apothicairerie auf der Belle-Ile, unten der Hafen Le Palais zu Füßen der Zitadelle, eine Stunde Schiffahrt von Quiberon aus.

Nächste Seite der Golfe du Morbihan, unten die Riviera d'Auray.

Der Hafen Saint-Goustan, am Ende der Riviere d'Auray. Hier legte am 6. Dezember 1776 das Schiff Benjamin Franklins an.

GOLFE DU MORBIHAN

Der Golf von Morbihan ist ein wunderbarer Wasserspiegel, der von ungefähr dreißig Inseln übersät ist, über eine Fläche von 20 km zwischen Vannes und dem Ozean. Dies kleine Meer (Morbihan) hat 1790 diesem Bezirk seinen Namen gegeben, während man ihn zuerst ''Côtes du Sud'' nennen wollte. Der Süden ist hier sowohl wegen seiner Horizonte, als auch wegen des milden Klimas allgegenwärtig. Der Golf hat zwei Gesichter: den Sommer, die Menschenmengen am Wasser und an dem eleganten Küstenstreifen. Schon die gallisch-römischen Veneter hatten hier ihre luxuriösen Villen gebaut, direkt am Meer, in Arradon, wie wir wissen. Das wahre Gesicht des Golfs aber ist das, wenn er seine Ruhe in den Übergangsjahreszeiten wiedergefunden hat, wenn das milde Licht das Meer, die Erde und den Himmel in sanfte Aquarelltöne taucht, die die Künstler liebten. Die seichten Wasser schaffen vielerlei Lebensräume, das weite Watt, das bei Ebbe freiliegt, die krautartigen Zonen, die zeitweilig vom Meer überspülten Wiesen, der Sand und die Felsen machen aus diesem Golf eine der bedeutendsten ornithologischen Stationen Westeuropas. Tausende von Wildgänsen verbringen bekanntlich hier den Winter.

Ein Ausflug mit dem Boot ist ratsam für diejenigen, die die unregelmäßige Küste der östlichen Bucht entdecken wollen, oder die Macht der Strömungen der Gezeiten in der westlichen Bucht, oder die Mündungen, wo die Städte **Vannes, Auray Saint-Goustan** liegen.

Wo die Riviera d'Auray beginnt, erinnern die heute unter Wasser stehenden Menhire der **Insel Er-Lannic**, nahe der Cairne von **Gavrinis** und der **Ile-longue** daran, daß vor wenigen Jahrtausenden der Meeresspiegel niedriger als heutzutage war. Die Meerestransgression, die Brüche in dem alten Steinsockel, alles trägt dazu bei, aus dem ''Morbihan'' ein lebendiges Stück Erde zu machen, wo nichts statisch bleibt.

Fassade der Kathedrale.

Nächste Seite, oben, Ostseite der Mauern von Vannes, gegenüber des herzöglichen Wildkaninchengeheges, unten die alten Waschanlagen aus dem Anfang des XIX. Jahrhunderts und im Hintergrund der Turm des Konnetabel.

Die Fachwerkhäuser von Vannes: man beachte die Auskragungen der ältesten Häuser.

VANNES

Vannes war die Hauptstadt der gallisch-römischen Veneter und war im Mittelalter Bischofs— und Herzogssitz.

Die Befestigungsmauer ist sehr gut erhalten. Im Norden der Stadt hat der mittelalterliche Befestigungswall die römische Mauer ersetzt, die aber stellenweise noch sichtbar ist. Ende des XIII. Jh. wurde auch der untere Teil der Stadt befestigt. Vannes wurde eine "widerstandskräftige und mit Soldaten versehene Stadt", und die französischen und englischen Truppen stießen während des Erbfolgekriegs (1341-1365) hier aufeinander. Die englischen Soldaten standen 1342 unter dem persönlichen Befehl Eduards III.

Die Kathedrale beherrscht die befestigte Stadt. Es ist ein einschiffiges Gebäude, eine Besonderheit des Südens, die im XV. Jh. beibehalten wurde, als die romanische Kirche umgebaut wurde. Die Herzöge hatten diese Arbeiten unterstützt, und so konnten die Pilger Aufnahme finden, die sich nach 1419 um die Kathedrale drängten. Vincent Ferrier, ein spanischer Prediger, starb in Vannes und ist dort begraben.

Nahe der Kathedrale liegt **die Cohue** (Sitz der Rechtsprechung), die Plätze und geraden Straßen mit ihren Fachwerkhäusern zeigen uns das Stadtbild von 1400-1800. Dieses Erbe von fast fünf Jahrhunderten städtebaulicher Schätze, von denen ungefähr 180 Häuser noch erhalten sind, wären beinahe einem Projekt zum Opfer gefallen, das die Mauern niederreißen wollte, um den Hafen mit dem Bahnhof zu verbinden (Ende des XIX. Jahrhunderts). Aber der Hafen, der der Stadt zum Aufschwung verholfen hatte, war damals im Rückgang. Da Vannes für hohe Tonnagen nicht groß genug war, kehrte es dem Meer den Rücken. Heute hat die Hauptstadt des Départements andere Anziehungspunkte, der Tourismus findet in diesem Golf die besten Bedingungen vor, und dadurch hat sich auch der Dienstleistungsbereich ausgedehnt.

Hoch richtet sich der Calvaire von Guéhénno in der Totenstätte auf, auf der Säule die Marterwerkzeuge der Leidensgeschichte, darüber ein Hahn.

Nächste Seite oben der Ort Josselin, der rund um das Schloß am Ufer des Oust entstanden ist. Unten die Fassade der Wohnräume von Jean II. de Rohan (Anfang des XVI. Jahrhunderts).

CALVAIRE DE GUEHENNO

Im Hinterland von Morbihan, an der Ostgrenze des bretonischen Sprachbereichs, ist der Calvaire von Guéhénno eine Überraschung. Diese große Komposition, die einzige im Bezirk Morbihan ist ein Werk aus dem XVI. und dem XIX Jahrhundert. 1550 von F. Guillouic in Stein gehauen, ist er zu derselben Zeit entstanden, wie die großen bretonischen Calvaires, wie Pleyben oder Plougonven. 1853 entstand er neu aus den Ruinen mit Hilfe der beiden Pfarrer, die in der Kirche dienten. Es ist nicht möglich zu unterscheiden, was der jeweiligen Periode angehört, was mit einem Abstand von drei Jahrhunderten neu entstanden ist.

Die skulptierten Szenen stellen die Leidensgeschichte und die Grablegung dar, und auf einer mit Stein belegten Basis wachen die Propheten Jesaias, Jeremja, Hesekiel und Daniel. Die erste Platte veranlaßt die Gläubigen zur Meditation über die Grablegung. Auf der oberen Platte rahmen die vier sitzenden Evangelisten die Leidensgeschichte ein; Christus trägt das Kreuz zwischen einem Soldaten und Veronika. Endlich erhebt sich hinter einer Pietà, wie aus einem Traum aufsteigend, das Kreuz des Retters. Die Basreliefs, die die Seiten zieren, und die Szenen des Jüngsten Gerichts darstellen, sind 1853 in Stein gehauen worden.

Dies Werk, das Calvaire von Guéhénno, das zwischen dem XVI. und dem XIX. Jh. geschaffen wurde, belegt die Fortdauer der Tradition dieser Meisterwerke, und das Festhalten an denselben Glaubensformen in dieser ländlichen Welt, aus der sie stammen.

JOSSELIN

Ein Tal in einer waldigen Gegend, ein Schloß, eine Klosterkirche, die dann zur Basilika wurde, das ist Josselin, dessen Ursprünge auf das XI. Jahrhundert zurückgehen. Die Gründer, Guéthenoc, Herr von Porhoët, und sein Sohn Josselin waren damals in eine Gegend gekommen, die noch urbar gemacht werden mußte. Im XII. Jh. ließ sich einer ihrer Nachkommen in Rohan nieder, stromaufwärts an demselben Ufer, der Oust wird zur Achse der Grafschaft, zu der im XV. Jahrhundert 59 Pfarrkirchen gehören, und die sich von der Region Loudéac bis zur Ploërmel erstreckt.

Um das Schloß herum genoß die befestigte Stadt den Schutz der Rohan. In der Stadt blühte der Handel und während der absolutistischen Monarchie war sie eine der 42 bretonischen Städte, die im Staat der Bretagne vertreten war.

Von dem ersten **Schloß** der Herren Guethenoc, das sicher aus

Oben die mächtige Fassade des Schlosses (XIV. und XVI. Jhdt.), das Olivier de Clisson erbaut hatte, und das Jean II. de Rohan etwas umänderte. Links erinnern die Fachwerkhäuser der Stadt an die Macht der Kaufleute des Ancien Régime.

Holz war, ist nichts mehr übrig. Vielleicht war es auf demselben Schiefervorsprung erbaut und bildet noch einen Teil der Basis des im XII. Jh. erbauten Turms.

Olivier IV. de Clisson war 1380 Konnetabel von Frankreich und Ehemann der Marguerite von Rohan und erwarb durch Tausch das Schloß im Jahr 1370. Er machte eine Festung daraus. Dem Château du Blain, das ebenfalls aus den Händen der Clisson stammt, sind die Türme von Josselin zu vergleichen.

Was wir heute sehen wurde von Jean II. von Rohan (1452-1516) bestimmt. Auf den Bau des Olivier de Clisson setzte er das große Haus, dessen leichte Fassade auf der Flußuferseite die Höfe und Türme überragt. Auf der Gartenseite ist die Monotonie, die eine Länge von 70 m hätte erzeugen können, durch die oberen Teile unterbrochen, die im Flamboyant-Stil gehalten sind, und die durch eine Balustrade mit immer neuen Verzierungen abgegrenzt ist. Ein Zeichen der neuen Zeiten, eine Treppe im Innern, eine sogenannte "rampe sur rampe", die älteste heute in Frankreich existierende.

Zur Zeit Richelieus (Henri II. de Rohan gehörte den Calvinisten an) wurde das Schloß verlassen, und im XIX. Jahrhundert von der Familie Rohan wieder restauriert. Josselin de Rohan, Sena-

Oben die Kirche Notre-Dame du Roncier, war ein Ort der Andacht und des Gebets, und ist heute noch ein Wallfahrtsort. Rechts die Kanzel aus Metall und Eisen, die im XVII. Jhdt. im Innern der Kirche geschmiedet wurde.

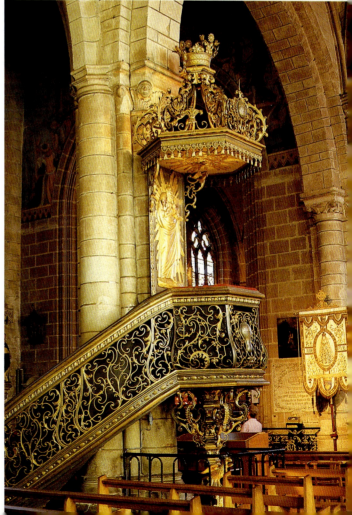

tor von Morbihan und Bürgermeister von Josselin wohnt heute hier.

Zuerst Klosterkapelle, dann Pfarrkirche und 1891 Basilika, ist **Notre-Dame du Roncier** ein Kompositwerk, das seine Originalität seinen verschiedenen Wohltätern verdankt: Olivier de Clisson, die Rohan (bevor sie zur reformierten Kirche übergingen, im XIX Jh. stifteten sie die Glasfenster), der Bischof von Saint-Malo usw.

Das große Schiff stammt aus dem XV. Jahrhundert. Es ist einem Gebäude angemessen, das heute noch ein von Pilgern besuchter Ort ist (der Tradition nach wurde in einem Brombeerbusch eine wundertätige Jungfrau entdeckt), und das ein Zentrum für berühmte Prediger war, wie Vincent Ferrier, der sich 1418 hier aufhielt. Im XVIII. Jahrhundert kam ein Beichtstuhl aus Metall und Schmiedeeisen hinzu.

In der unmittelbaren Umgebung der Basilika (**rue des Vierges, rue Olivier de Clisson**) stehen die Fachwerkhäuser aus dem XVI. und XVII. Jahrhundert, die mit skulptierten Karyatiden und Jagdszenen verziert sind, und die ein Zeugnis für das mächtige Bürgertum sind, das im Schutz des Ancien Régime vom Handel lebte.

Der Cours Cambronne und die Statue des General Cambronne.

NANTES

Nantes ist die Geburtsstadt einer Herzogin, die zweimal Königin von Frankreich war, Anne de Bretagne, eines Autors von Abenteuerromanen, Jules Verne... und einer berühmten Keksart, le Petit-Beurre LU, einige der emblematischen Figuren, aus denen man eine Allegorie zusammenstellen könnte. Weiter wäre noch zu sagen, wie ein kleiner gallischer Hafen zu einer mächtigen Stadt geworden ist, eine reiche Stadt von Kaufleuten und die große Metropole am Atlantik, die Nantes heute ist.

Es ist schwer, die Ursprünge der kleinen Stadt genau festzulegen, die im Herzen des gallischen Landes der **Namnètes**, daher der Name, entstanden war. Nantes, das an der Mündung der Loire liegt, hat seit der Zeit der Römer eine doppelte Berufung des Fluß— und Seehafens. Zu Anfang des Mittelalters, als die Stadt von Invasionen bedroht wird, umgibt sie sich mit Mauern und es entfachen sich harte Kämpfe um sie zwischen Bretonen, Franken und Normannen, bis 937, das Jahr in dem Alain Barbetorte das Königreich der Bretagne wieder einsetzt und Nantes zurückerobert. Bis zum XV. Jahrhundert versucht die Stadt, die Vormundschaft über die herzogliche Bretagne gegen die Rivalin Rennes und die Unabhängigkeit gegenüber dem Königreich Frankreich beizubehalten.

Die Thronbesteigung des Herzogs Jean V. im Jahr 1399 ist der Anfang eines goldenen Jahrhunderts für die Stadt, mit seinem Höchstpunkt während der Herrschaft von Anne de Bretagne, kurz vor dem Zusammenschluß des Herzogtums mit dem Königreich unter François I. Die Herzöge des XV. Jahrhunderts machen aus Nantes die wahre Hauptstadt der Bretagne. Sie bauen ein großes Schloß, wo sie ihren Sitz einnehmen, eine riesige Kathedrale, und gründen eine Universität. Der Hafen wird zu einem großen Umschlagspunkt für die westlichen Meere, und bis ins XVIII. Jahrhundert nimmt er an Bedeutung noch zu. Im XVI. Jh. exportiert Nantes die Weine des Loire-Tals und das Salz der Bretagne nach Nordeuropa, und von äußerster Wichtigkeit sind die Anlegeplätze für die atlantische Küstenschiffahrt zwischen Spanien und Holland. Vom XVII. Jh. ab gibt die Entwicklung des Handels mit den Kolonien der Wirtschaft in Nantes erneut Auftrieb, und die Kaufleute und Reeder bereichern sich an der Einfuhr von Waren aus den Kolonien und am Sklavenhandel.

Im XVIII. Jahrhundert verändert diese reiche Stadt Frankreichs zur Zeit der Aufklärung ihr noch mittelalterliches Aussehen. Man schleift die Mauern und legt an ihrer Stelle Alleen an, man baut neue Gebäude und schafft neue Wohnviertel, und man wandelt Nantes in eine aktive, elegante bürgerliche Stadt um.

Gesamtansicht und Detail des Brunnens am Place Royale: die Stadt Nantes lebt durch die Loire und ihre Nebenflüsse.

Trotz der Erschütterungen der Revolution und der finanziellen Schwierigkeiten zu Anfang des XIX. Jahrhunderts behält Nantes eine wichtige Rolle im Handel im Atlantik bei.
Von 1850 ab wird ein vorgebauter Seehafen in **Saint-Nazaire** konstruiert, um immer größere Schiffe aufnehmen zu können, die durch die Versandung der Loire Nantes nicht erreichen können. Um die ganze Mündung entstanden während eines Jahrhunderts viele neue Aktivitäten, die großen Segelschiffe segelten an den Werften und den Industriebetrieben vorbei, am berühmtesten die Konserven— und die Keksfabriken. Sie fällt den schweren Bombenangriffen des zweiten Weltkriegs zum Opfer, und der Wiederaufbau gibt den Anstoß zu einem erneuten Aufschwung, von 1950 ab bis zum heutigen Tag.
Trotz all dieser Veränderungen sind in Nantes die Orte erhalten, die von seiner Vergangenheit berichten. Im Herzen der alten mittelalterlichen Stadt ragt der eigenartige Turm mit Glockenspiel der **Kirche Sainte-Croix** noch aus dem dichten Netz der Straßen empor, wo noch einige Fachwerkhäuser aus dem XV. und XVI. Jahrhundert stehen. In der Nähe die majestätische Silhouette der **Kathedrale Saint-Pierre**, die die ganze Altstadt beherrscht, und die unter dem Herzog Jean V. entstanden ist. Der Wiederaufbau, der das romanische Gebäude ersetzte, wurde

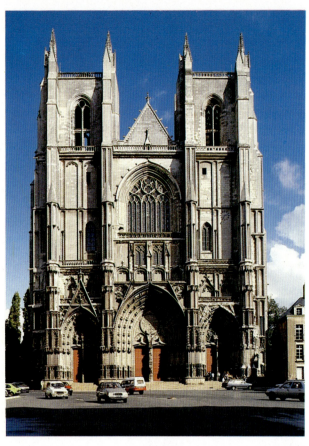

1434 von den Architekten Guillaume de Dammartin und Mathelin Rodier unternommen. Die große Westfassade, die Ende des XV. Jahrhunderts beendet wurde, hat drei mit vielen Skulpturen verzierte Portale. Der Bau der drei Kirchenschiffe zog sich bis Mitte des XVII. Jh. hin, als man mit dem Chor begann. Erst 1891 wurde dieser beendet, unter Aufrechterhaltung desselben Baustils, so daß wir nach vier Jahrhunderten ein einheitliches Gebäude der Spätgotik vor Augen haben. Im Südteil des Transepts befindet sich das **Grab des Herzogs François II.**, das die Grabskulptur vom Anfang des XVI. Jh. wunderbar verkörpert. Es wurde zwischen 1502 und 1507 von dem Bildhauer Michel Colombe verwirklicht. Zwei liegende Figuren stellen den Herzog und seine zweite Frau Marguerite de Foix dar, und vier Statuen, die die Tugenden symbolisieren, hüten das Grab.

Links die Westfassade der Kathedrale Saint-Pierre; unten Detail der drei Portale.

Oben das Grab Franz II. in der Kathedrale, rechts Gesamtansicht des Mittelschiffs.

Das **Schloß der Herzöge der Bretagne** liegt ganz in der Nähe der Kathedrale. Der Herzog François II. gab 1460 den Auftrag, es neu zu erbauen, an der Stelle einer alten Burg aus dem XIII. Jh. Die Bauarbeiten wurden von seiner Tochter, Anne de Bretagne fortgesetzt, deren Ehen mit König Karl VIII. im Jahr 1491 und Ludwig XII. im Jahr 1499 sie nicht daran hinderten, die herzogliche Unabhängigkeit aufrechtzuerhalten, und dies Schloß ist ein sprechendes Beispiel dafür. Wenn die massiven Türme und die Befestigungswälle an den Gräben es wie eine mittelalterliche Festung erscheinen lassen, so weisen die weißen Fassaden der Wohnungen darauf hin, daß es als Residenz gedacht war. Die hohen, reich verzierten Lukarnen und die italienischen Loggien zeugen von gotischer Kunst, die schon vom Geist der Renaissance durchwoben ist. In dem Schloß sind heute Museen untergebracht, Kunstgewerbe, und das Museum für bretonische Volkskunst und lokale Geschichte, wo das Leben und die geschichtliche Vergangenheit von Nantes und von der Bretagne zu sehen sind.

Der Brunnen mit sieben Rollen im Hof des herzöglichen Schlosses.

Der Jacobinerturm und die Gräben, die der Stadt die Stirn bieten.

Nächste Seite die Wohnräume im Schloß der Herzöge von Bretagne, unten Detail der Dachfenster.

Gehen wir am Schloß und an der Kathedrale entlang, so kommen wir zum **Cours Saint-Pierre und Saint-André**, die einen großen Platz mit einer Ludwig XVI. gewidmeten Säule einrahmen, an dem Häuser mit schönen Giebeln stehen. Dies ist eines der schönsten Stadtbilder, das die örtlichen Architekten Jean-Baptiste Ceineray und Mathurin Crucy im XVIII. Jahrhundert geschaffen hatten.

Vor allem aber sind im Westen der mittelalterlichen Stadt, in der Nähe des Hafens, die neuen Viertel entstanden, die dieselben Architekten im XVIII. Jahrhundert entworfen hatten. Seit dem XVI. Jh. hatten die Geschäftsleute von Nantes, und auch die, die von außen kamen, ihre Wohnungen längs der Kaimauern gebaut. Die Nebenarme der Loire, die durch die Innenstadt von Nantes flossen, wurden 1930 zugeschüttet, und so fließen sie nicht mehr an den alten Kais vorbei, an denen jedoch noch die Gebäude stehen, die die reiche Kaufmannsstadt im XVIII. Jahrhundert hier errichtet hatte. Das Wasser fehlt auch den schönen Häusern im Louis XV. Stil der ehemaligen Insel **Feydeau**, wo die Börse sich im Fluß spiegelte, der bis vor kurzem aus Nantes ein kleines Venedig am Atlantik machte. Hinter den ehemaligen Kaimauern wurde auch das harmonische Ensemble der Fassaden am **Place Royale** Ende des XVIII. Jahrhunderts entworfen. Im Zentrum errichtete man 1865 den monumentalen Brunnen, der einen allegorischen Thron von Nantes, der Loire und ihrer Nebenflüsse darstellt, von den Bildhauern Ducommun du Locle. Dahinter bemerkt man die hohe Turmspitze von **Saint-Nicolas**, eine große Kirche der Neugotik, die nach 1840 nach dem Entwurf des Architekten Jean-Baptiste Lassus erbaut wurde. Weiter oben stehen auf dem **Place Graslin** die korinthischen Säulen des Theaters. In der Nähe beginnt der **Cours Cambronne**, eine elegante Promenade mit einer Aufeinanderfolge von Häusern, die fast englischen Charakter haben. Die Statue des Generals Cambronne von Debay wurde 1848 errichtet.

Um von dem Stadtteil Graslin zu den alten Kais der Loire zu gelangen, kann man sich der 1843 eröffneten **Passage Pommerage** bedienen. Diese lange Galerie mit Geschäften ist in der Mitte durch eine monumentale Treppe geteilt, die die Neigung des Bodens überwindet, und die die Originalität des Orts ausmacht, wo die reichen Verzierungen und die Fußgänger ein spontanes Schauspiel bieten.

Im Westen der Stadt hat sich Thomas Dobrée, der Sohn eines Industriellen von Nantes einen großen und eigenartigen Palast in römischem Stil bauen lassen, den **Palais Dobrée**, um seine zahlreichen Kollektionen dort unterzubringen. Bei seinem Tod im Jahr 1895 wird das Gebäude in Museum verwandelt, und heute gehören ein Lapidarium, eine Sammlung von Manuskrip-

ten und Drucken und von alten Kunstgegenständen dazu.
In der Nähe des botanischen Gartens ragt mächtig der **Palais des Beaux-Arts** empor, den der Architekt Josso 1893 gebaut hatte. Es ist ein Museum für Maler und Bildhauerkunst, das zu den wichtigsten Frankreichs gehört. Außer einer reichen Skulpturensammlung, die die verschiedenen Stilrichtungen des XIX. Jahrhunderts erläutert, geben die Bilder ein breites Panorama der europäischen Kunst, von den alten Meistern bis zur zeitgenössischen Malerei, ein paar alte italienische Maler, ein Christus von Solario, drei Meisterwerke von Georges de la Tour, das Porträt von **Madame de Senones** von Ingres, die **Cribleuses de Blé** von Courbet, eine außergewöhnliche große Zusammenstellung von Werken von Kandinsky und ein **Nu Jaune** von Sonia Delaunay.

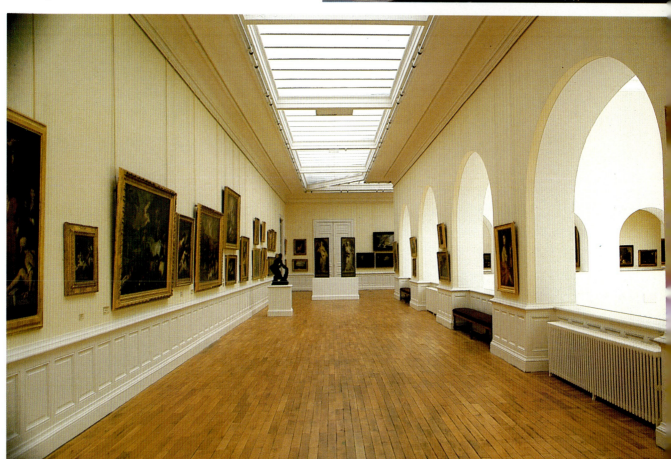

Rechts die Fassade des Palais des Beaux-Arts, Museum für Malerei und Skulptur, unten Blick auf eine der Galerien des Museums.

Nächste Seite oben, die Pommeraye-Passage und die große Treppe, unten Palais Dobrée, das historische und archäologische Museum.

INHALT

Einführung	Seite	3	— Pleyben	” 59
Belle-Ile	”	111	— Saint-Thégonnec	” 57
Bénodet	”	99	— Sizun	” 58
Brest	”	70	Locronan	” 84
Calvaire de Guéhenno	”	116	Mont-Saint-Michel	” 21
Cancale	”	24	Morlaix	” 47
Cap Sizun	”	87	Nantes	” 120
Carnac	”	109	Ouessant	” 68
Cast	”	97	Perros-Guirec	” 43
Chateau de Kergrist	”	46	Plougastel	” 72
Chateau de Kerjean	”	49	Plougonven	” 46
Combourg	”	20	Ploumanac'h et la Côte de Granit Rose	” 44
Concarneau	”	99	Pointe du Grouin	” 25
— La fête des filets bleus	”	103	Pont-Aven	” 104
Côte d'Emeraude	”	37	Port-Blanc	” 42
Daoulas	”	76	Presqu'ile de Crozon	” 78
Das Parlamentspalais	”	8	— Camaret	” 80
Das Tal der Odet	”	89	Presqu'ile de Penmarch	” 88
Dinan	”	31	Quiberon	” 110
Dinard	”	37	Quilinen	” 97
Dol-de-Bretagne	”	25	Quimper	” 90
Fougères	”	18	Rennes	” 4
Golfe du Morbihan	”	113	Roscoff	” 51
Josselin	”	116	Saint-Fiacre du Faouët	” 106
Kernasciéden	”	107	Saint-Malo	” 27
Le Folgoët	”	63	Saint-Pol-de-Léon	” 48
Les Abers	”	67	Saint-Servan-sur-Mer	” 30
Les Enclos Parossiaux	”	52	Sainte Anne-la-Palud	” 82
— Guimiliau	”	54	Tréguier	” 38
— La Roche-Maurice	”	60	Vallée de l'Aulne	” 77
— Lampaul Guimiliau	”	53	Vannes	” 115
— La Martyre	”	59	Vitré	” 14

© Copyright by CASA EDITRICE BONECHI - Via Cairoli 18/b - 50131 Florenz - Italien
Tel. +39 055576841 - Fax +39 0555000766
E-mail: bonechi@bonechi.it - Internet: www.bonechi.it

Gemeinschaftswerk. Alle Rechte vorbehalten.
Der Nachdruck, auch auszugsweise, die Speicherung oder Übertragung dieser Veröffentlichung in welcher Form
oder mit welchen Mitteln auch immer - elektronisch, chemisch oder mechanisch - mittels Fotokopien oder
mit anderen Systemen einschließlich Film, Radio und Fernsehen, sowie mit Systemen der Archivierung und der Informationssuche,
sind ohne die schriftliche Genehmigung des Herausgebers untersagt.
Die Umschlaggestaltung und das Layout dieses Buches stammen von Grafikern des Verlagshauses
Casa Editrice Bonechi und sind daher durch das internationale Copyright geschützt.

Druck in Italien: Centro Stampa Editoriale Bonechi.

Verfasser: Hubert BRISSONNEAU
Texte von: Jean-Jacques RIOULT (S. 4 bis 20); Nicolas SIMONNET (S. 21 bis 23); Philippe PETOUT (S. 24 bis 37); Yves-Pascal CASTEL (S. 38 bis 51);
Roger BARRIÉ (S. 52 bis 65 - 82 bis 97); René LE BIHAN (S. 66 bis 81); Patrick ANDRÉ (S. 98 bis 119); Eric COUTUREAU (S. 120 bis 127).
Übersetzung: Studio Comunicare, Florenz

Photographien aus dem Archiv des Verlags Bonechi, Photograph Jean-Charles PINHEIRA,
außer auf Seite 3 (Andrea PISTOLESI),
Seite 6 (PRUDOR) und Seite 24, unten (J. CARDE).

ISBN 88-476-0387-0